山の神さま・仏さま

面白くてためになる山の神仏の話

太田昭彦

ヤマケイ新書

はじめに

みなさん、こんにちは。山岳ガイド&巡礼先達の太田昭彦です。本書を手にしていただいたあなたは、山登りが好きで、神さまや仏さまにも興味があるという方ではないでしょうか。ご承知のように日本百名山をはじめとして、日本の主な山々は、その多くが山岳信仰の対象になっています。しかし、せっかくそれらの山々に登っても知識がないがゆえに、峠に道祖神やお地蔵さまがいらした場合でも、気になりつつもそのまま素通りしてしまったり、山頂から薬師岳や地蔵岳、阿弥陀《あみだ》岳のような、如来や菩薩の名を冠した山々を眺めても、記念写真を撮るだけで下山していたという人が大勢いるのではないかと思います。でもそれって、とてももったいない話です。

日本は山国で、国土の約七割が山間部です。そして、さらにその大半がなんらかの信仰に根差した山々なのです。弘法大師空海が嵯峨天皇から賜った京都の東寺は、真言密教の発信基地として今も多くの参拝客が訪れますが、特筆すべきは講堂の立体曼荼羅《まんだら》です。現地の案内人たちは「飛び出す絵本」と解説していて、その迫力には本当に圧倒されます。しかし山岳霊場は、３Ｄどころか４Ｄの超立体リアル曼荼羅です。日本の山岳は、神仏の知識が多いほど楽しめる世界。

本書では日本各地の山々に登った際、より想像力を働かせて神さまや仏さまを感じることができるように、神仏に関する基本的なお話をさまざまな形でご紹介し、山岳地のどこに、どのような神仏がいらして、どのような役割をお持ちなのかということを、いくつかの山を例に挙げて解説しました。

本書で楽しみながら神仏の知識を得て、それをもとに登山を通して山の神さま、仏さまとの出会いを重ねていきましょう。かつて江戸時代にたくさんの神社やお寺を参拝する、千社参りというお参りの方法がはやりました。数多くの寺社を巡ることで、より大きなご利益を得ようというものです。山の神仏もまた然りで、数多くの山に登り、数多くの神仏と出会うことで元気というご利益を受け取っていただくことができるのです。

日ごろ、都会の喧騒のなかで生活をしていると、さまざまなストレスが身心に降りかかってきます。またたく間に過ぎていく忙しい毎日のなかで、私たちの「気」は確実に枯れてゆきます。そんな「気」が枯れた状態のことを「穢《けが》れる（気枯れる）」といいますが、それを「元の気」に戻し、元気にして下さるのが山の神仏なのです。そのことは実体験からも確信を持って言えることです。なぜなら私自身が、そんな山の神仏に最も元気をいただいている一人なのですから。

それではさっそく、山の神さま、仏さまと出会うための山旅へと出かけることにしましょう。

目次

第二章　主な神さまと山

第三章　仏教に学ぶ登山の知恵

第四章　山岳宗教と密教

装丁＝尾崎行欧デザイン事務所
校正＝戸羽一郎
編集＝小林千穂
写真＝打田鍈一、萩原浩司、渡邊 怜

第一章 山の神仏についての雑学

山を数える単位は、なぜ一座、二座なの？

みなさんは、山を数える単位をご存じですか。ひと山、ふた山でしょうか？　いいえ、答えは「一座、二座」ですね。ではなぜ、そのように山を数えるのでしょう。

座という字は「くら」とも読みます。「くら」というのは神さまがお住まいになる場所を指します。日本は古来から自然信仰の国ですから、大きな滝や、大きな岩などにも神さまが宿るとされてきました。大きな岩のことを「くら」といいます。山の地名では谷川岳の「一ノ倉沢」とか、赤い大きな岩のことを「赤鞍《あかくら》」、白くて大きな岩のことを「白鞍《しろくら》」などと呼んだりします。そう、山は神さまがお住まいになる場所なのです。

また、岩だけでなく大きな塊のことも「座（倉、鞍、くら）」と呼んだのです。山はまさに大きな塊です。そして、ヒマラヤのことも「神々の御座」なんて言いますよね。

また山頂にいらっしゃるのは、私たちが想像する偉大な神さまだけではなく、仏さまとなった家族の祖先もお住まいになられています。かつては家族が亡くなると自宅の裏山の頂に、その魂がいらっしゃると考えられていました。裏山から自分たちの家を見守って下さっていると考えられてい

山々は古来から神々の住まいとして信仰されてきた

たのです。
　また、その先祖となった家族の御霊は、三十三回忌や五十回忌が過ぎたのを機に、自宅から出て、近くの神社の鎮守の杜や山にお住まいになるともいわれています。そう、仏から神になられるのです。
　かつて奈良県の薬師寺で管主を務められた高田好胤さん（故人）は「仏は近いご先祖さま、神は遠いご先祖さま」とおっしゃいました。いずれにしても、仏から神になった祖先が自分の家を見守って下さっているのですから、それはありがたいことです。
　ゆえに身近にある裏山にも神がお住まいになっていますので、祖先の気配を感じたら、そっと裏山に向かって手を合わせて下さい。それがご先祖さまへの感謝の気持ちにつながりますから。

人はなぜ、山を敬うのか？

人々が、山に神さまがいるのではないか？　そんなことを思うようになったのは、いったいいつごろからなのでしょうか？　日本で最も古い神社のひとつである奈良の大神《おおみわ》神社が創建されたのは、今から二千年以上前と推測されています。

しかし、神という明確な概念はないものの、何かとてつもない存在の力が関わっていると人々が感じ始めたのは、おそらく縄文時代初期のころと思われます。そのころの人々が、山には偉大な何かがいると思ったのにはちゃんとした理由があります。

山から流れてくる川の水はそのまま飲み水として使えますし、魚を獲ることができます。また森にはドングリやクルミ、トチの実などの豊富な木の実があります。それらを土器で煮炊きすれば、けっこうおいしい食べ物になったでしょう。さらに山の恵みは人だけでなく、イノシシやシカなどの動物もはぐくみ、それらを捕獲することができたはずです。そして、動物の肉を焼いて食べていたようですから、縄文時代も焼肉が好物という人は山から離れられなかったのではないでしょうか。

縄文の人たちの住まいは竪穴式住居でした。それを建てるための柱や、屋根として使うワラなど

豊かな自然が残された高尾山の森

も、山に近い住まいの方が都合がよかったに違いありません。

そう、山は生きてゆくのに必要なものを与えてくれるのです。だから昔の人々は、きっと山には神さまがいて、神さまが必要なものを与えてくれているに違いないと考えたのです。そして、その恵みは神さまからの授かり物ですから、むやみやたらに取りすぎることはありませんでした。自然の恵みに感謝しながら、そこで得られるものを大切にしていたのです。

時代は下り、飛鳥時代になると修験道の祖といわれる役行者《えんのぎょうじゃ》が現われ、平安時代には数多くの山伏が山の神仏の霊力を得ようと、山中で修行を行なうようになりました。浄化された土地である山中で厳しい修行を重ね、山の神の持つ霊力を授かる。それが、山伏が山で修行をする理由です。生きるために必要なさまざまなものを与えて下さる、その偉大な力を自分も得たいと願うのは自然ななりゆきだったのかもしれません。山の神にひれ伏し、霊力を授かるという行ないが「山伏」の語源になったといわれています。

ミシュランで三つ星の山に選ばれた東京都の高尾山には連日多くの登山者が訪れます。そのミシュランが高尾山に三つ星を付した理由は、首都圏からわずか一時間足らずで行ける場所に、豊かな自然が残されているというものでした。

たしかに高尾山周辺には約千六百種の植物が存在するといわれていて、その数はなんとイギリス全土の植物の数を上回ります。

そして、山伏は薬草の知識にも長けていたはずで、その豊富な植物のなかから体によさそうなものを選び、薬草として自分たちはもとより、里で暮らす人々の病をも癒し、多くの人に感謝されたに違いありません。

これもまた、山の神仏のご利益といえるでしょう。

このようにさまざまな恵みを与えてくれる山を敬い、信仰することはとても自然なことであったと言えそうです。

高尾山中腹に祀られた高尾山薬王院は行基菩薩開山と伝わる古刹

多くの登山者でにぎわう高尾山

山のパワーで六根を清浄する

古来より、山は都と違って清らかな場所であると考えられていました。今でも信仰の山を歩いていると、白衣を着た講の人たちが「懺悔《さんげ》、懺悔、六根清浄《ろっこんしょうじょう》」と唱えながら歩いている風景を時おり見かけます。私も四国遍路などで「懺魏《ざんぎ》、懺悔《ざんげ》、六根清浄」と唱えながら山道を歩くことがあります。仏教ではザンゲではなく、サンゲと読むのですが、私の場合は、先達の先輩から先に教わったのが、「ザンギ、ザンゲ」なので、今でもそのときの文言で通しています。

懺魏とは恥じることで、懺悔は悔い改めることです。「今までに犯してしまった罪悪を恥じ、悔い改め、六根を清浄します」ということを仏に対して、告白しているわけです。

罪悪とは、世の中に対する犯罪で、自分にはあまり関係ないと思う人も多いと思います。しかし、山の神仏の前では、何気なくしてしまった悪いことも罪悪になるのではないでしょうか。「あのとき、どうして嘘をついてしまったのか」「つまらないことで、怒ってしまった」「なぜ体調が悪そうな人に席をゆずってあげられなかったのか」などなど……。それら後悔したこと、恥ずかしく思うことを悔い改め、環境の悪い街中で穢れてしまった六根を清らかな山のなかで清浄し、二度とやらないようにする、というのが「懺魏、懺悔、六根清浄」と唱える理由です。

では六根とは何かというと「眼・耳・鼻・舌・身・意」という体の五つの器官と意識（心）のこと。実際に五つの器官から得られる情報は膨大な量で、不浄な場所にいたら、不浄な情報も大量に取り込まれてしまいます。そして意識（心）も穢れてしまうのです。

しかし、山にはそれら不浄なものがありませんから、不浄なものを見ない、聞かない、かがない、味わわないで済むわけです。さらに身も不浄な空間にさらさないで済みます。その結果、意識（心）も穢れないのです。

日ごろ下界で不浄なものに触れてしまう機会が多い人は、山に登った際に、たっぷりと清浄な空気や水や風景や植物に触れて、少しでも六根を清浄するように心がけたらよいのではないでしょうか。

その際は照れないで、ぜひ「懺魏、懺悔、六根清浄」と唱えながら歩いて下さい。きっと今までの登山よりもはるかに意識（心）が清められたと感じるでしょう。それもまた山の神仏のおかげなのです。

雨の日は竜神に心身を清めていただこう！

山に行く日が近づくと「お天気に恵まれますように」と、多くの人が願うはずです。やっぱり山はお天気のよい方がいい。私もそう思います。でも日本では三〜四日に一度は雨が降ります。そうでないと農耕の神さまが困ってしまうでしょう。

山で竜神のような雨雲を見かけたら雨に対する警戒が必要です。上空を目指して縦に細長く伸びる雲は登り龍。向かいの谷から尾根を越えてやってくる長い雲も、まさに谷から谷へと渡り歩く竜神を思わせます。

そんな竜神の活動が活発になると、やがて雨が降りだすことが多いのですが、残念ながら山で雨に遭ってしまったときは気持ちを切り替えて、「今日は竜神に心身を清めていただく日」と決めます。「ああ、雨か……」というネガティブな気持ちでは、楽しくないだけでなく、集中力や士気が低下してケガにつながる可能性が高まりますし、せっかく山に来ても山の神仏の力が得られずにパワーダウンしてしまうでしょう。そう、雨の日は竜神のパワーを授かるには絶好の日です。

お釈迦さまはお生まれになってすぐ、お花畑のなかで立ち上がり、七歩歩いて「天上天下唯我独

雨の日でも気持ちを切り替えて雨の山を楽しむ

尊」とおっしゃいました。天上天下唯我独尊とは、天上天下にただ一人の、誰とも代わることのできない人間という意味です。しかし、これはお釈迦さまのみならず、あなたもこの世にただ一人だけのとても尊い存在。何かをプラスしなくても、今のままで尊いということです。

そして、お釈迦さまがそうおっしゃった直後、竜神が現われて雨を降らせ、お釈迦さまの体を清めました。しかもその雨はただの雨ではなく香水だったのです。香水はアムリタとも呼ばれる不死の妙薬とされており、蜜のように甘い味がするといわれています。

その様子を今に再現して、お釈迦さまの誕生を祝い、身心の健康を授かる儀式が四月八日に行なわれる「花祭り」です。お釈迦さまの体に甘茶を掛けて清め、その甘茶を飲むことによって健康を授かるといわれています。

ならば、山で雨に遭ってしまった日は登山者のための「花祭り」です。少々おこがましい気もしますが、心の広いお釈迦さまのことゆえ、笑って許して下さると思います。

竜神の降らせる雨で、心と体に染みついた邪悪を洗い流していただく。そう思えば、雨でも気分はスッキリ。せっかく健康も授けていただいたのですから、決して風邪などをひかぬように、下山後や山小屋に着いた際にはタオルでしっかりと濡れを拭き取って、体が冷える前に着替えをしましょう。「えっ、それじゃあ丈夫な体になってないじゃん」って、そういうことではありません。病を患わない山での行動を竜神から教えていただいたんです。それで風邪が防げれば、やっぱりご利益があったのです。

もちろん登山者なら、日ごろから暑さや寒さに負けない体づくりが重要だということは今さら言うまでもないですよね。

お花摘みのあとは……

山にはトイレがないという状況が多々あります。そんなときは周囲を見渡し、トイレができそうな場所を探します。山中で用を足すことを、登山者の間の隠語では、その姿になぞらえて男性の場合は「キジ撃ち」、女性の場合は「お花摘み」といいます。それらが終わったあとには、ぜひ、烏枢沙摩《うすさま》明王《みようおう》のご真言を唱えて下さい。かつて『トイレの神様』という歌がヒットしましたが、トイレにも仏さまがいらっしゃるのです。それが烏枢沙摩明王で、そのご真言を唱えることで、不浄なものが浄化されるといわれています。

ちなみに烏枢沙摩明王のお札をトイレに貼ると下の世話にならずに済むといわれ、我が家のトイレにも烏枢沙摩明王がおいでです。

ではさっそく、そのご真言を伝授します。「オン　クロダ　ノウ　ウンジャク」これを三回唱えて下さい。どうですか？　これできっと浄化されますし、また安心して登山が続けられることでしょう。

ビリビリ感じたら、それは森の主が近くにいる合図

山のなかを歩いていると、時おりこれはまさに山の主だな、と思える大木を目にすることがあります。なぜそのような大木が残ったのでしょうか？　理由のひとつに、その木自身が持つ生命力が挙げられます。そして、それらの大木が放つ力も大いに影響があったものと思われます。たとえば木こりが山に入っても、大木には山の主が宿っているので切るのを躊躇したこともあったでしょう。

そして私も、それらの大木や古木の近くを通ると、やはり目がゆきますし、そこに近づくと強い「気」を感じることが多々あります。「気」とはその木から溢れる生命エネルギーのこと。私の場合は手をかざすことで、手のひらがビリビリとしびれるような感覚になります。弱い気の場合は手のひらに暖かな風が押し寄せてくるような感じがします。いっしょに歩いている仲間が手をかざすと「全然わからない」「手のひらに暖かい風を感じる」「手のひらがビリビリする」という三者に分かれます。前者から順番に、気を感じる入門者、初級者、中級者といったところでしょうか。

感じなくても受け取っている気はまったく同じです。しかし、感じることで「ここはよい気が出ているので、ちょっとパワーをいただいていきましょう」と判断することが可能になります。そこ

から出ているのは樹木のエネルギー、ひいては山の神仏のパワー。そんなものはあるわけがないという人もいるかもしれませんが、山には目には見えないエネルギーが溢れています。

たとえばフィトンチッド。山に生育する植物は自分の身を守るために、フィトンチッドという物質を放出しています。空気中に存在する、植物たちにとって有害な菌を殺すためです。植物は自分が動けないので、毒をもって身を守るという方法を身につけました。そのフィトンチッドのおかげで私たち登山者は、天然の空気清浄器のなかを歩いているような感じで、殺菌作用を受けながら山を歩けるのです。さらにそのフィトンチッドの毒は人間にも軽い刺激を与えているのですが、人にとってはたいした毒ではなく、かえってその刺激で細胞が活性化されるという効果を生み出しています。登山はそれなりに手ごたえのある運動で、下山後は疲労感もあるはずなのに、帰りの電車のなかでは次にどこの山に行こうか？　なんていう思いを抱いていたりします。体は疲れていても気持ちがさわやかになれるのはフィトンチッドの効果、つまり山の神仏のお力なのかもしれません。

さて、話を戻します。大木に手をかざし「何も感じません」というあなたも心配はご無用です。先ほどもお話ししましたが、感じなくても受け取っている気はいっしょです。そして登山の回数を重ねて大木や古木に意識して触れる機会が増えると、いつの間にかそれが感じられるようになってきます。何ごとも経験が大事なのです。

日光の名付け親は男体山だった！

奥日光の中禅寺湖の畔に立つ二荒山《ふたらさん》神社、その奥にご神体として鎮座するのが男体山《なんたい》です。五月五日から十月二十五日までの登拝期間は、毎日朝六時に「ドン、ドン」と太鼓の音が響くと山門が開き、待ちかねていた登山者が境内へとなだれ込んでゆきます。

男体山はかつて「補陀落山《ふだらくさん》」と呼ばれていました。補陀落とは観音さまの浄土のことで、観音さまがお住まいになる場所のことです。それは日本からははるか南のインドに近い洋上にあると信じられていました。平安時代から江戸時代にかけては、補陀落渡海といって行者が生きたまま船に乗り、熊野の那智《なち》や四国の室戸《むろと》岬、足摺《あしずり》岬から補陀落を目指す行為が行なわれていました。結果は途中で沈没して命を落としたり、近くの浜に打ち上げられたりしたようです。

少し話が変わりますが、かの有名なチベットのポタラ宮もその名の由来はポータラカというサンスクリット語（古代のインドで使われていた言葉）から来ています。ポータラカとは補陀落のこと。そしてそこの主であった歴代のダライラマは観音さまの生まれ変わりで、それがゆえにダライラマが住むお宮が補陀落と名が付いているのは至極当然のことなのです。

さて、話を戻しましょう。かつて男体山が「補陀落山」と呼ばれていたとお話しました。やがてそれが短くなって「ふたらさん」と呼ばれるようになったのです。そしてその麓にあるお社は「二荒山神社」と名付けられます。「二荒」と書いて「にこう」とも読みます。ならば「日の光」の方がよかろうということで「日光（にこう）」→「日光（にっこう）」になったとされています。

ということは、国内でも有数の観光地にしてその風光明媚な景観から「日光を見ずして、けっこうと言うなかれ」とまでいわれるようになった日光という地名の名付け親は男体山であったといっても過言ではないのです。だって男体山は二荒山神社の御神体そのものなのですから。特に中禅寺湖から望む男体山は、日光の象徴として誰もが歓声を上げる神々しい姿をしていますし、その姿を目にした瞬間、日光に来たな、という感慨を持ちますよね。

ちなみに、同じく中禅寺湖の畔には「立木観音」という、古くから知られるお堂があります。ここは日光中禅寺の御本尊さま、十一面千手観音像が安置され、今も坂東三十三観音霊場の十八番札所として多くの巡礼者を迎えています。今も昔も、日光という土地は観音さまの霊験あらたかな聖地として、多くの人の願いをかなえるとともに、登山者に癒しと生きる力を与えて下さっているのです。

登山用具は感謝の思いを伝えてから処分

長年使ってきた登山靴やザック、ウェアなどを捨てるとき、愛着があるがゆえにこのまま捨ててしまっていいものかと、いつも躊躇していました。うれしいときも苦しいときも、いっしょだった山道具。自分の思いがこもっていますし、山の神仏の現われである登山道を踏みしめた土や、雨風なども染みついています。そんな山道具を、ただポイッと捨てるわけにはいきません。一番いいのはお正月に神社やお寺などでお焚き上げをしていただくことだと思うのですが、時間的に難しい方も多いでしょうし、使わなくなった登山装備をお焚き上げしてくれる寺社も限られています。

そんなことを考えていたときに、運よく東京都調布市にある深大寺《じんだい》で、お焚き上げのお札を見つけました。最近ではダイオキシンの問題などで、特に都市部ではお焚き上げも難しくなってきたようで、代替えの方法として深大寺ではお坊さんが祈願をした魂抜きのお札を用意されたそうです。そのお札を、捨てるものと同じゴミ袋に入れて、燃えるゴミとして収集日に出せばＯＫ。先ほどもいった通り、山道具には自分の思いや山の土や雨風が魂となってこもっていますので、その魂を抜いてからゴミとして出すのが、ベターな方法なのです。

時おり、都市部の博物館等で有名寺院の仏像が展示されますが、それらの仏像も運び出される前に一度、魂を抜いてから運送行者によって運び出されます。最近は断捨離がはやっていますが、愛着があるものほど捨てられずに困っていた人も多いでしょう。これで安心して捨てることができますね。ちなみにお焚き上げ（魂抜き）のお札は、一体五百円です。気になる方は問い合わせてみるとよいでしょう。しかし、私の場合はそのお札に出会う前までは、山道具に対して次のような供養を行なっていました。ここでいう供養とは、感謝の気持ちをお供えすることです。

ゴミ袋に入れる前に山道具の前で合掌一礼し「これまで長い間山行を共にして下さり、ありがとうございました。これからの登山も温かく見守って下さい。お世話になりました」と、お礼の言葉を述べてから最後にまた合掌一礼します。山道具とともに感謝の言葉をゴミ袋に詰めるのです。本当は般若心経の一巻でも唱えられればそれがベストですが、それによってハードルが上がってしまい、山道具に対する供養が実施できなくなってしまうのは本末転倒。自分ができる範囲で、感謝の儀式を行なえばよいでしょう。

さて、感謝の言葉といいましたが、日本には古くから、言霊《ことだま》信仰というものが存在します。口に出したことは実現するという考え。ゆえに山道具に対する感謝の言葉も魂として永遠に残ります。その魂が次の山道具に引き継がれ、安全登山に導いてくれるものと私は確信しています。

お寺で楽しむ、身近な街中登山

お寺には山号、寺号、院号というものがあります。どんなににぎやかな街のなかでも、敷地内は清らかな場所ですよ、という意味で山号が付けられているのです。そう、山門をくぐるとそこはもう山のなかと同じ。だから山登り同様、門をくぐって寺に入ることを登山、門から出ることを下山といいます。都会にあっても敷地内は山なのですから、そこには山の神仏のパワーが内在しているということです。ありがたいですね。たしかにお寺には緑豊かな庭があったり、静かにたたずむ池があったり、滝があったりすることもあります。

少し話はそれますが、滝にまつわる話をしましょう。中国では池の鯉が滝を登り、龍になるという伝説があります。それを「登竜門」伝説といいます。よく「ここが若手にとっての登竜門だ」などと言ったりしますが、その語源の発祥はここにあります。では、登山者にとっての登竜門って、どんな山なのでしょうか。

北アルプスにデビューしようと思うなら、乗鞍岳や唐松岳、燕岳《つばくろ》あたりでしょうか？　そしてヒマラヤでの登山活動を本格的に始めるのなら、ネパール・ヒマラヤのトレッキング・パーミッションで登れる六〇〇〇メートル峰のメラ・ピークやアイランド・ピークなどが登竜門といえそうです。それらの山にまだ登っていなくて、「私はまだ池の鯉かな？」という人は幸せなんですよ。だってこれから滝を登りさえすれば、さまざまな山にチャレンジできるのですから。でも、逆にこの登竜門伝説は「滝を登る力がなければ、次なる夢にチャレンジする資格はないのだよ」という登山者への戒めも表わしているかのようです。

ここでいう滝を登る力とは、目的の山に登るために必要な体力・技術・精神力のことをいいます。せっかくですから、自分が無事に滝を登って龍になれるように池の鯉と滝に向かって合掌一礼しておきましょう。

さて、お寺の話に戻します。忙しくて山に行けない日や、疲れていて少し体を休めたいと思った日は、近所のお寺に出かけて心静かに山内（お寺の敷地）の雰囲気を楽しみつつ、仏像を拝観するとよいでしょう。

山を歩くのと同じように心が落ち着き、癒しを感じることができ、すてきな時間が過ごせるのではないかと思います。そしてできれば、出かける前にそのお寺の宗派やご本尊を調べておけば、しだいに知識もつき、山で神仏に出会った際にも、役立とうというものです。

妖怪は夕暮れ時にやって来る

山のなかを歩いていて夕暮れ時が近づくと、なんとなく不安や焦りが出てきます。できれば明るいうちに麓まで下山したいという気持ちは、陽が傾くほどに強くなりますが、妖怪が現われるのはまさにそんなタイミングです。

正面から誰かやって来るのですが、すでに薄暗くて誰がこちらに近づいて来ているのかわかりません。そんなときに古の人々は「誰そ彼は?」と言ったそうです。これが「黄昏（たそがれ）」の語源です。

また、山と里の境にも同じように妖怪が現われます。ようするに妖怪は時間や場所の境界に現われるのです。京都にある一条通り商店街では「妖怪ストリート」と銘打って街興しをしています。各お店の入口で、妖怪たちが出迎えてくれるのです。この一条通りは、平安京の時代には北のはずれにあって、かつてはこの通りの内側は人の住む世界。そしてその外側は、人以外のものが住む世界（異界）だったのです。この一条通りでは、しばしば百鬼夜行《ひゃっきやこう》という、妖怪たちが行列をなして行進するさまを目にすることがあったようです。

それらの妖怪たちは、なぜ人里に入らずに横移動するように一条通りを行進したのでしょうか。おそらくそれは一条通りに位置する、大将軍八《だいしょうぐんはち》神社の存在によるものと思われます。この神社は桓武天皇が平安京の北方を守護するために造営されたお社です。大将軍とは仏教でいう四天王のような役割をはたしていて、東西南北の各方位から悪いものが入ってこないように結界を張っているのです。

妖怪たちは、本当は人間界に入ってきたかったのだろうと思いますが、結界が張られていたために侵入することができず、横に移動するしかなかったのでしょう。

そのような場所に所要で出かけなければならなかったとき、平安貴族たちは陰陽師《おんみょうじ》に占ってもらいました。「今日はお日柄が悪いので、明るいうちに帰宅されますように」などのアドバイスをもらい、妖怪に会わないように注意していたのです。都合によりそれがかなわない場合は、必ず護符（御守り）を持参して用心していました。

では、本当にそのような妖怪はいたのでしょうか。今はにぎやかな住宅街となっている一条通りも、百鬼夜行に怯えていた平安時代は、人里と山との境界に位置し、動物や獣たちがウロウロしていた可能性はあります。たぶん、それらが黄昏時にはよく見えずに、妖怪に見えたのかもしれません。山は神仏だけではなく、人以外の「何か」が暮らす場所でもありました。

では、以下に山で出会う可能性のある妖怪たちについて話していきましょう。

河童（かっぱ）

伊藤正一さんの著書『定本　黒部の山賊　アルプスの怪』（山と溪谷社）にも、山の妖怪の話が出てきます。北アルプスの太郎平から雲ノ平に向かう途中に薬師沢小屋がありますが、その小屋にいたる少し手前にかつてはテント場になっていたカベッケが原という場所があります。カッパが化ける原ということで「河化が原」と名付けられました。その場所では「毎年夏になると河童が盆踊りをする」のだとか。実際に川原には河童の足跡があり「キュー、キュー」という胡弓のような音が聞こえたそうです。

たしかに河童は水辺に現われます。一般的には緑色で甲羅を背負い、頭にはお皿を乗せています。人間と相撲を取ったり、キュウリを食べたりといった親しみやすいイメージがあります。相撲は水神を祀るための神事で、キュウリはそのお供え物なのです。だから河童は、水神にゆかりの妖怪だと言えます。

また、昔は子どもたちに「水辺に行くと河童が出るから注意しなさい」と大人が言っていたようですが、その理由は水難事故の予防にあったのです。住宅地に近い用水路や溜池などは子どもの事故が起きやすい場所ですから、妖怪の怖さを利用して子どもたちが危険な場所に足を運ばないように仕向けていたのです。

神隠し

さて、前出の『黒部の山賊』では、神隠しの話も登場します。大学医学部の学生が、雲ノ平小屋の手前十分ぐらいのところに置いてきたリュックを取りに行った際に、そのままいなくなってしまったそうです。天気もよいし、夕暮れまでには十分時間があったし、他の登山者も大勢いました。ただちに捜索しても見つからなかったのですが、四日目にふと、その学生が帰ってきて、どこにいたのかたずねると「小屋にいたんだ」と、気の抜けたように話したとか。もちろん、その学生は常識のある正気の人間です。

神隠しといえば、宮崎駿監督の映画、『千と千尋の神隠し』を思い浮かべる人もいると思います。あの映画ではトンネルを抜けたときに、今いる場所とは違う世界（異界）に足を踏み入れてしまいます。また、同じく宮崎監督の『となりのトトロ』も、メイちゃんという女の子が穴に落ちたらトトロのお腹の上だったというストーリーが展開されています。ようするに穴とかトンネルとかが異界への入口になっているのです。

もしかしたら、それはお母さんの産道をイメージしているのかもしれません。なぜならお母さんの体は、天から授かった子供をこの世に送り出す役割を担っているのですから。

『黒部の山賊』では白骨がキーワードになっているようです。おそらく白骨のある場所に、人の目には見えないこの世と異界をつなぐ何かがあるということなのでしょう。興味のある方は、ぜひ一読してみて下さい。

さて話を戻します。神隠しに関連する妖怪には天狗もいるのですが、天狗の場合には子どもや俗人をさらっても、その辺を周遊してすぐに戻ってくることが多いので、神隠しに関してはあまり害はないようです。

また、嫁入りの日に花嫁が神隠しに遭うということもあったそうです。かつて自分の意思での結婚が難しかった時代がありました。そんな時代に嫁入りの日が近づいた花嫁が考えたのが、神隠しに遭うことでした。

結婚が嫌で逃げ出したとなると、さまざまなトラブルを引き起こしますが、神隠しに遭ったと言えば、問題が起こらずに時が過ぎていったのではないでしょうか。どうやら神隠しには、そんな裏事情もあったようです。

天狗

山を代表する妖怪といえば、やっぱり天狗ですね。神隠しの項でもその名が登場しましたが、ここではもう少し天狗について詳しく話しましょう。

天狗は修験の霊山で活動します。「天狗杉」といわれる大木の上で参拝者を見守ったり、「天狗岩」と呼ばれる岩の上で悪いものが入って来ないよう見張っているのです。

その元になる生き物はトビやカラス。共通するのは人のものを盗むということです。山のなかでお弁当を広げていて、トビやカラスにおかずを取られた経験がある人もいるのではないでしょうか。実は私も、鎌倉アルプスのハイキングコースを歩いて、帰りに立ち寄った鶴岡八幡宮の境内で、仲間がトビに帽子を取られたのを目撃しました。まるで遊ばれているとしか思えない光景でした。

また、東京の高尾山では「烏天狗」が有名ですが、羽を持つその姿はまさにカラスを連想します。この高尾山では天狗は飯綱大権現の使いなのですが、実は天狗は仏教の敵でもあるのです。四国遍路のある札所では、弘法大師が天狗に修行のじゃまをされたので、封じ込めたという話が伝わっています。

ここで紹介した河童も、神隠しも、天狗も、いずれも山という異界を住処とし、神との接点を持っています。そんな妖怪もまた、山の神仏のパワーの現われなのです。

五百羅漢に出会って、亡き人の面影を偲ぶ

山のなかを歩いていると、まれに五百羅漢《ごひやくらかん》に出会うことがあります。私が好きなハイキングコースに、埼玉県の鐘撞堂《かねつきどう》山から羅漢山へといたるコースがあるのですが、その名の通り羅漢山では数多くのユニークなお姿の羅漢さまが道のあちらこちらにいらして、ハイカーを励ましたり、写真家の被写体としてモデルを務めたりされています。年配の方なら「ラカンサンがそろったらまわそじゃないか　ソイヤサノヨイヤサ」と輪になって歌いながら、隣の人の真似をして遊んだ方もいるのではないでしょうか。

ではここで問題です。羅漢さまとはどんな方でしょう？　神さまでしょうか？　仏さまでしょうか？　それとも人間ですか？　たぶん、そう問われても答えられる登山者はあまりいないですよね。

実は羅漢さまはお釈迦さまのお弟子さんたちで、人として修行を積み、聖者の位に登り詰めた方々なのです。なかには滑稽なお姿をされている羅漢さまもいらっしゃるので「えっ、そうなんだ」と驚いた方もいるかもしれません。

暗がりのなか、五百羅漢の近くを通って、ふっと温かいものを感じたら、そこには家族や親族に

似た羅漢さまがいらっしゃるといわれています。かつて写真がなかった時代に、亡き家族や親族の面影を五百羅漢に見出すことが多かったそうです。

それがゆえに五百羅漢は全国に広がり、亡き懐かしい人たちの面影を偲ぶ場となったのです。今度、山で五百羅漢に出会ったら、どうか心のなかで手を合わせて、祖先の供養をしながら歩いてもらいたいと思います。

さまざまな表情を見せる羅漢山の五百羅漢（写真＝打田鍈一）

赤いお顔のおびんずるさま

お寺のお堂の前で、真っ赤な顔をした「おびんずるさま」を見かけることが多々あります。素朴なお姿でお堂の隅にいらっしゃることが多いのですが、実は羅漢さまのなかで一番えらい方がおびんずるさまこと、びんずる尊者なのです。

いつも真っ赤な顔とお体ですが、別にお酒を飲んでいるわけではありません。エネルギーが高まったお姿なのです。力が入ると皆さんも顔が紅潮したりしますよね。おびんずるさまのご利益は、そのお体に触れてエネルギーをいただくことにあります。

自分の体の悪いところと同じ個所を触ることによって、おびんずるさまのエネルギーをいただき、悪い場所を治していただこうというわけです。ですからおびんずるさまのお体は、擦られた跡でテカテカですよね。

ご自分の体をすり減らして私たちにご利益を下さるなんて、ありがたいことです（合掌）。

おみくじは神仏との親密度を測るバロメーター

神社やお寺に行くと、おみくじをひいてみたくなる人、けっこう多いのではないでしょうか。大吉が出れば「やった〜！」という感じで天にも昇るようなうれしさ、それとは反対に凶が出たらがっかりして、なかにはもう一度引き直す人もいるかもしれません。それで次に大吉が出ると安心する。でもそれって、実は神仏とうまくコンタクトできていないことを意味しています。

神仏とうまくコンタクトできている人は、大吉なら大吉が続けて出ます。そして小吉なら小吉が続けて出ます。

それはなぜかというと、おみくじは今の自分の状態を表わしているのです。大吉が出たから、これから運勢がよくなるということではなくて、今のあなたの運勢がすでに大吉なのです。だから大吉をひいたのですよ。

ですからコメントをよく見ると「気を引き締めて」とか「おごらずに」とか「酒や異性に溺れることなく」などというような、自分を戒めるようなアドバイスが並んでいたりします。今がいい状態なので、この状態をキープするために、マイナスになるような要因を排除しましょうという神仏からのメッセージなのです。

私もおみくじが大好きなのですが、私がひくのは神仏に聞くべき相談や迷い事があるとき、あるいは今のままでいいのかを確認したいときと決めています。

現代のおみくじの形は、比叡山の元三慈恵《がんざんじえい》大師良源が考え出したといわれており、横川の元三大師堂はおみくじ発祥の地として知られています。元三大師堂でおみくじをひく場合、まず相談事を紙に書き、その内容について僧侶がお伺いを立ててくじをひき、説明してくれるという手順になるので、普通のおみくじとは違います。

元三大師と呼ばれる方は比叡山の第十八世座主（最高位）で、比叡山中興の祖。正月の三日に亡くなったのでそう呼ばれるようになりました。このお方、そのあらたかな霊験による「厄除《やくよ》け大師」として知られていて、鬼のような姿で我々の災厄を降伏《ごうぶく》して下さる角《つの》大師や、小さなお大師さまの並んだ豆《まめ》大師などに変化《へんげ》されたお大師さんの護符をいただくことができます。私の家の玄関にも元三大師のお札を貼ってあります。お陰さまで、かなり神仏との親密度が増してきたようで、いつもおみくじで的確なコメントをいただいています。

では、どうすれば神仏との親密度が増すのかといえば、それは彼氏や彼女をつくるときと似ているかな……。相手のことを知り、足繁く通い、会えないときは自宅や職場にいてもできることをする。たとえば座禅やお写経をする、お経や真言を唱える。お気に入りの神社に向かって二礼二拍手一礼する。鳥居や祠を見かけたら軽く会釈する、などなど。できることはたくさんあります。こちらがそれだけの熱意を持って接すると相手もそれに応えてくれるようになります。

もっとも、なかには初めから通じてしまう人もいます。それってやはり、生まれ持っての素質ということなのでしょうか？　たしかに登山の場合も、初めてなのに岩場をスイスイと登っていく人っていますもんね。

ただし、ひとついえることは、この本を手にとったあなたは、すでにその時点で手にとっていない人に比べて、神仏との親密度が増す確率がかなり高まったということです。ですから安心して、そして心を込めてお参りを続けましょう。

戸隠・鬼女紅葉狩伝説

日本の山の魅力は、春夏秋冬という四季の美しさにあります。なかでも赤や黄に染まった紅葉の山々は私も大好きで、毎年秋になると今年はどこの山で紅葉を見ようかとワクワクしてきます。

このように紅葉を楽しむ行為を「紅葉《もみじ》狩り」といいますが、なんか変な気がしませんか？　イチゴ狩りやブドウ狩りならわかりますけど、なぜ紅葉を狩るのか……。それには諸説ありますが、ここでは長野県の戸隠《とがくし》に伝わる伝説を紹介しましょう。険しい岩稜で知られる戸隠山の麓、長野県の戸隠はおいしい蕎麦、風光明媚な山岳景観と信仰の里として知られています。そんな戸隠には次のような伝説があります。

時は平安のころに遡ります。会津に子どもに恵まれない夫婦がいました。どうしても子どもが欲しいと思っていたその夫婦は、鬼に頼んで子どもを授かることになりました。生まれたのは女の子で、呉葉《くれは》と名付けられました。呉葉は成長するにしたがい美しくなって、才女としても知られるようになります。その後に名を紅葉と改め、やがて両親とともに京へと上ります。

都でも紅葉の美貌と才能は評判を呼び、やがて武将、源経基《みなもとのつねもと》公の寵愛を受けることになります。

鏡池から見た戸隠山

経基公には正妻がいて、正妻は紅葉のことを快く思っていませんでした。紅葉は嫉妬心を抱いていた経基公の正妻に対して呪いをかけようとしますが、それが露見してしまいます。そして、鬼の子であることを知られてしまった紅葉は、戸隠へと追放されてしまったのです。

追放の身であった紅葉ですが、裁縫や琴など、都での文化を身に付けていたこともあり、村人たちの憧れとなって、慕われていました。

しかし都での華やかな生活が忘れられず、悪事を働いて得た資金で再び都へと舞い戻ろうと考えました。やがて一夜山の山賊たちを妖術で従えて、悪事を繰り返します。困った村人たちが朝廷に相談し、平維茂《たいらのこれもち》が紅葉を追討にやって来ます。

維茂は紅葉の居所を見つけました。そこは木々の葉が見事に色付いた場所でした。しかも、紅葉やその手下の美女たちが楽しそうに酒宴を繰り広げていて、維茂に酒をすすめます。しかし、平維茂がすんでのところでその酒に毒が盛られていることを見破り、鬼女の正体を現わした紅葉を討ち取ったのです。

以上が紅葉狩りの発祥となった、紅葉狩り伝説の概略。この伝説を裏付けるような場所が戸隠には多数存在します。たとえば、戸隠と鬼無里《きなさ》の境に位置する荒倉山の山麓に近い場所に、鬼女紅葉の住処であったといわれる岩屋が存在します。「紅葉狩」は謡曲としても知られていますので、謡曲関係者の方が岩屋によくお参りに訪れるそうです。

さらに里に下りてゆくと大昌寺というお寺があるのですが、そこにはなんと紅葉と平維茂の御位牌が仲よく並んでいます。そしてこの鬼女がいた里のすぐ隣は、鬼の無い里。鬼無里があります。戸隠には鬼がいたけれども、隣の里にはいなかったということで名付けられた地名なのでしょう。

さて、話は変わりますが、この紅葉狩りに関してはもうひとつのいわれがあります。これまた平安時代のことです。かつては紅葉の枝を実際に手折って、手のひらに乗せて鑑賞することが行なわれていたそうです。なぜか？　それは紅葉の赤が血の色だからです。真っ赤な血液の色は、私たちの体を駆け巡るエネルギーの色。ゆえに真っ赤な紅葉の枝を手折って、そのエネルギーを自分の体に取り込む行為が紅葉狩りだったということです。

そのような例は、他にも見られます。神社の建物には朱色がよく用いられますが、朱色も血液の

戸隠の隣、伝説の里として知られる鬼無里

色に似ていますね。そしてその朱色は、生命力を表わすと当時に、厄を除ける力が備わっているといわれます。また、梅を愛でたり、桜を愛でたりといったような、自然を慈しむ花見という行為も、おそらく古の時代には自然から力を得るという意味合いが強かったのではないでしょうか。

私も春に咲くスミレやシュンラン、夏のコマクサやニッコウキスゲ、秋を感じさせてくれる草紅葉や黄金色の葉が印象的なカラマツ、そして真っ白に染まった冬の山々が大好きで、それらを目にすると疲れていても俄然元気が出てきます。現代の私たちも、自然からたくさんの元気をもらっているのですね。

ご来光の発祥は、阿弥陀さまだった

江戸時代に隆盛を極めた富士講の人々は、富士山の山頂は阿弥陀さまの浄土であると信じていました。浄土とは仏さまがお住まいになる場所のこと。なかでも阿弥陀さまがお住まいになる世界を「西方極楽浄土」といいます。温泉に浸かった時などに「あ〜極楽、極楽」などと口にしたりしますが、本来の極楽浄土とは仏教の修行に最適な場所のことをいいます。

さて、ここからが本題です。富士講の信者たちがある日、山頂でブロッケン現象を見たそうです。登山者であれば、山の稜線などでブロッケン現象を見たことのある人も多いと思います。目の前に突然虹色の輪が広がり、その中に自分の影が映る現象。霧が山の片側にあるとき、日の光が背後から差し込むと、自分の影が霧のスクリーンに投影して、その周りに虹の輪ができる気象現象なのですが、実際に目にすると、本当に神秘的な感じがします。そしてそれを見た富士講信者の面々は、それがまさに阿弥陀さまがお迎えに来て下さった、ご来迎《らいごう》であると思えたのです。

善人ばかりでなく、悪人でも「南無阿弥陀仏」と唱えれば、阿弥陀さまがお迎えに来て、極楽浄土へと誘って下さいます。身分が低くてもお金持ちでなくとも、阿弥陀さまは公平に極楽浄土へと

ご来迎と重ねられたブロッケン現象

誘って下さるのです。それがゆえに浄土信仰は爆発的に庶民の間に広まりました。富士山でこのご来迎シーンに遭遇した信者たちの感動がどれほどのことであったかは図り知れません。

しかし、ブロッケン現象が毎日のように見られるわけではありません。そこで、朝日が昇る様子を阿弥陀さまのご来迎シーンに見立てて、ご来光と呼ぶようになったのです。

今ではどの山でも、当たり前のように「ご来光、きれいだったね」などという会話が交わされますが、実はご来光は「ご来迎」がもと。阿弥陀さまがお向かえに来て下さる様を表わしていたのですね。

今度ご来光を見る機会があったら、ぜひ阿弥陀さまがお迎えに来て下さったと思って手を合わせてみて下さい。きっと今までよりも遥かに、ご来光のありがたみが感じられることでしょう。

アイデアに詰まったときは、般若の智慧を授かろう

仕事や勉強をしていると「なんだかいい考えが浮かばないな……」とか「ぜんぜんはかどらない！」なんていうこともありますよね。そんなときは思い切って般若《はんにゃ》の知慧を授かることにしましょう。なんていうと、思わず般若の面のような怖い顔を思い浮かべる人が多いと思いますが、本来の般若とは「仏さまの深い智慧」のことで、怖い顔をした鬼のお面のことではありません。よく知られる般若心経というお経の冒頭にはこう記されています。「仏説摩訶般若波羅密多心経《ぶっせつまかはんにゃはらみったしんぎょう》」。この言葉は「深遠なる仏さまの教え」という意味。ということは般若もただの智慧ではなく、仏さまからのとても深い知慧であるということです。

そんな般若の智慧を得るにはどうしたらよいかというと、あくせくしないでゆっくりと過ごすことです。できれば旅行にでも行って温泉にゆっくり浸かる。そのときに大切なことは、何も考えないことです。「あー、いい湯だな。極楽、極楽」という状態のときにこそ、般若の智慧が得られるのです。そういえばトイレに入っているときにいいアイデアが浮かんだとか、睡眠中の夢にヒントを得たというような話はよく耳にします。

この本を読んでいらっしゃる山好きな人なら、やはり山歩きでリラックスするのがいちばんでしょう。日ごろはバリバリ登山をしている人も、般若の智慧を授かりたいなら低山歩きをおすすめします。標高三〇〇〜五〇〇メートルぐらいで、歩行時間三〜四時間程度の山がいいです。

般若の智慧を授かるコツは、周囲の景色を楽しみながら、何も考えずにゆっくりと歩くこと。いつもより少し豪華なお弁当を用意して、のんびりとランチを楽しみましょう。下山後は、近くの河原でコンロに火を点けてコーヒーでも沸かしながら、お気に入りのお菓子を頬張りつつ、ぼーっと川の流れを見つめる。そんな一日が過ごせれば、翌日は朝からやる気も全開で、煮詰まっていた企画も進もうというものです。私もそうですが、忙しいと休む時間も惜しんで、次に仕事を進めねばと思ってしまいます。でも、無理してがんばっても結局はあまり仕事が進まなかったり、いい結果につながらなかったりしますよね。

さて、冒頭でお話しした般若の面は、なぜ怖い顔をしているのでしょうか？　お能では、悲しみや嫉妬に取りつかれた女性の怨霊を般若の面で表現することがよくあります。そのお面は、室町時代に奈良の般若坊というお坊さんが造った鬼女の面が原型といわれています。あまりにもよくできていたので、その鬼女の面を般若坊の名をとって、般若の面と呼ぶようになったそう。アイデアに煮詰まって怖い顔をするよりは、リラックスして般若の智慧を授かるのがベストといえそうです。

仏教と数字

仏教では三十三や八十八、百八などの数字は、無限を表わす数字です。観音さまは三十三通りに変化して私たちを救って下さるということで、観音霊場は通常三十三ヶ寺なのですが、実はその数字はものの例えで、本来は数限りなくという意味の数字になります。

その他に八十八や百八という数字も、もののたとえで、三十三と同様に無限を表わしています。ちなみに八十八は四国霊場の札所の数ですが、なぜ八十八なのかというと、厄年に由来しています。男の厄年四十二、女の厄年三十三、そして子どもの厄年が十三、合わせて八十八になります。つまり八十八の霊場を参拝することで、すべての人々の厄を払うという意味があったのです。

百八は煩悩の数ともいわれますが、これは仏教でいうところの「四苦八苦」から来ているとの説があります。4×9（しく）＝36。8×9（はっく）＝72。足すと百八になるといわれますが、真意のほどは定かではありません。

第二章 主な神さまと山

神さまって何ですか？

さて、いきなり基本的な質問ですが、神さまって何だと思いますか？

私が高校一年生、ワンダーフォーゲル部の夏合宿で東北の朝日連峰を訪れたときのことです。三十五キロの重荷にあえぎつつ辿り着いた以東《いとう》岳の山頂から、眼下の大鳥池や大朝日岳まで続く山並みを見た瞬間、その感動的な景色に思わず「うわ〜、すごいな」という言葉が出てきました。

また、谷川岳の一ノ倉沢の衝立《ついたて》岩と呼ばれる岩壁を登っているとき、アブミという短い縄バシゴに乗りながら足元を見ると、その下は二百メートル以上にわたって切れ落ちており、そのときも「うわ、怖い！」という声しか出ませんでした。

今になってみると、それらの「凄い」という感動や「怖い」という思いは、そこに神がいらしたからであろうと思えます。神は目に見えない存在ですが、感じることは可能です。都会では見られない雄大な景観と、足元が二百メートル以上も切れ落ちているという尋常でない状況は、「日常では味わうことのない何か」を私にもたらしてくれました。その当時はよくわからなかったその何かが、実は神だったのですね。神はすばらしいものを与えて下さることもあれば、恐ろしいことをな

上高地から見た雪の穂高岳

さる場合もあります。そして、それらの神を感じるような出来事は、その後も何度も登山中に体験しました。

初めて冬の八ヶ岳の大同心《だいどうしん》という岩場を見たときの迫力や、真っ白な雪で覆われた上高地からの穂高連峰を見たときの、そのあまりの美しさは今でもよく覚えています。ただただ感動しました。その神々しい風景は、まさに神さまそのもののお姿だったのですね。

では、日本にはいつから神さまがいらしたのでしょう？　おそらくは縄文時代には人々は神の存在を感じていたのではないでしょうか。その時代の人たちが初めて富士山を見たときは、その大きさに度肝を抜かれたでしょうし、山間部の人々が初めて大海原を見たときは、この水溜まりはいったいどこまで続いているのだろか？　と思ったに違いありません。そしてこう思ったはずです。「これは神に違いない」。あるいは「ここには神がお住まいになっているはずだ」と。

かつて、ブータンのハイキングに行ったときのことです。ブータンの人々は休日に家族でお弁当を持って、小さな山の頂や中腹にあるお寺にお参りに行って過ごします。独身の若い人たちも、同じくお弁当を持って山にお参りに行きます。ただしこちらは、結婚相手を見つけるための合コンのようなものらしいです。

たまたまそんな休日に、岩壁にへばりつくように聳える、有名なタクツァン僧院にお参りに行くことになりました。多くの人でにぎわう登山道を歩き、最後の急な山道を登り終えると、突然大きな滝が現われて、とても山の上とは思えない、すごい量の水を落としていました。同行者からは思わず「すごーい！」という歓声が上がり、「とても気持ちのよい滝ですね」と笑顔で言っていました。

その言葉を受けて私は「気持ちがよいのは、その滝に神さまがいらっしゃるからですよ」と言ったところ、近くにいたブータン人のガイドが「その通りです」と相槌を打ってくれました。日本もブータンも、自然のなかに神がいるという感覚では相通じるものがあるようです。

話は少し変わりますが、江戸時代の国学者であり、医師でもあった本居宣長は、「尋常でないもの」「優れたもの」が神であると言っています。

山でいえば、富士山の三七七六メートルという高さは尋常ではないので、富士山は神です。そして富士山に限らず、その地域でひと際目立つ高い山や、美しい姿の山、特異な形をした山も、それらの定義にある通り、神がいらっしゃると思われていました。

さらに古事記に登場するアマテラスオオミカミ（天照大御神）やスサノオノミコト（須佐之男命）、あなたの身近にいらっしゃるお稲荷さまや八幡さま、人から神になった天神さまこと菅原道真や、東照大権現となった徳川家康など。ひと口に神といってもさまざまな神がいらっしゃいます。

山のなかにもそれらの神々がお住まいになっていますが、私は山に登ったときに自然のなかに見出すことができる、あるいは感じることができる神々との出会いが、まさに至福のときといえます。「うぉー！」とか「すげー！」とか、思わず叫んでしまう瞬間です。

神とは人に感動や驚きを与えるもの、敬われるもののこと。そして恐れられるものも、また神と呼ばれるのです。

筑波山に鎮座する、イザナギとイザナミの神

ここからは日本神話に登場する、主な神さまのお話をしましょう。ここで紹介する神さまがどのような方なのか知っておくと、山に祀られている神さまにより興味を持つことができるでしょう。

まずは「国生みの神」ともいわれるイザナギノミコト（伊耶那岐命）とイザナミノミコト（伊耶那美命）の神さまから。

イザナギとイザナミは、天界と下界をつなぐ天の浮橋から国を生み、オノゴロ島と名付けました。そこに神殿を建てて次々と島を生んでいったのです。また、その二神はアマテラスやスサノオのご両親でもあります。神話の世界で多くの国を生み出したイザナギとイザナミは山の世界でも二神揃って祀られることが多いです。

たとえば筑波《つくば》山。筑波山は男体山と女体山の二つのピークからなっていて、男体山にはイザナギ、女体山にはイザナミがそれぞれご祭神を務めていらっしゃいます。このような例は奥秩父の両神山《りょうかみ》でも見られます。両神山の名の由来は諸説ありますが、イザナギとイザナミの二神がいらっしゃるので両神山と名が付いたという説が有力です。

では、そのイザナギとイザナミの二神は、どのようなご利益をお持ちなのでしょうか？　神話の世界での役割を考えると、縁結びとか子孫繁栄とか、そんな役割が見えてきます。事実、筑波山では「歌垣《うたがき》」という男女が歌を詠む集いが行なわれていました。春は豊作を願って集い、秋は収穫に感謝するために集う。そこでは歌を詠むだけではなく、飲み、食べ、踊るということも行なわれていたようです。その光景はおそらく現代の合コンのようなものであったと思われます。男女を引き合わせ、子どもを産み育てていく。それは、まさにイザナギとイザナミの役割そのものではありませんか。

イザナギは国のほかにも自然に関するものを生み出していきます。愛する妻イザナミを失ったあとのイザナギは、嘆き悲しんだ末にその怒りから火の神を殺してしまいます。すると、そこから流れた血や死体から、岩石や山などの神々が生まれます。自然に神が宿っているといわれる所以ですね。

また、筑波山は江戸の鬼門の位置に当たることから、鬼門除けとして、江戸城を守護する役割も担っていたのです。いってみれば、私たちはイザナギとイザナミの子孫でもあるわけですが、そんなはるか後世に、この世に生まれ出た子孫をいまだに見守って下さっているのもイザナギとイザナミの二神なのです。

登山の好天を天照大御神にお願いしよう

アマテラスオオミカミ（天照御大神）は伊勢神宮のご祭神であり、日本を代表する神さまです。また、伊勢神宮の正式名称は「神宮」であるということをご存じでしたか？　神宮とは皇室ゆかりのご祭神が祀られたお宮のことです。現在は、鹿島神宮、香取神宮、明治神宮など「神宮」と名が付くお宮が多くありますが、当時は神宮といえば伊勢しかなかったので、神宮という名称でなんの問題もなかったわけです。ちなみに神宮の始まりは、約二千年前に五十鈴《いすず》川の畔にアマテラスが鎮座されたときとなっています。その後、いくつかの神宮ができたので、便宜的に「伊勢神宮」と呼ばれていますが、今でも正式名称は「神宮」です。

さて、そこに祀られているアマテラスは太陽神として、私たちの世界に光をもたらしてくれています。登山の際になによりもありがたいのは、やはり天気。そこで日ごろから、アマテラスが祀られている神社などでお天気に恵まれるようにお願いをしておくと安心です。なぜなら、アマテラスが機嫌を損ねたら、世の中が暗闇に包まれてしまうことになるから。そのことを示す有名な話が天《あまの》岩屋戸《いわやと》伝説です。

虫倉山から見た戸隠連峰。左から西岳、戸隠山、乙妻山、高妻山

ある日、弟であるスサノオの数々の悪さに嫌気がさしたアマテラスは岩屋に籠ってしまいました。その瞬間から世界は真っ暗闇となり、困った八百万《やおよろず》の神々が相談したところ、オモイカネノカミ（思金神）がいろいろと知恵を出します。しかしうまくいかず、アマテラスは岩屋から出てきません。最後にアメノウズメノミコト（天宇受売命）が裸で踊り出したところ、周りにいた男神がやんややんやの大喝采。

なにごとか、アマテラスが思わず岩戸を少し開いた瞬間に、力自慢のアメノタヂカラオノミコト（天手力男命）が岩戸を放り投げ、アマテラスを引きずり出したことから、世界は再び明るさを取り戻しました。

そして、アメノタヂカラオが放り投げた岩戸が戸隠山に当たり、戸隠山はあのような峻険な岩山になったと伝えられています。実際に登山に行ってみるとよくわかりますが、とにかく岩場や鎖場の多い山です。特に蟻の戸渡りと呼ばれる場所は、幅五十センチ程度の細い岩尾根を綱渡りのようにして進んでいかなければならない難所。でも、こんな地形になったのもアメノタヂカラオが岩戸を投げ飛ばしてこの山にぶつかったからだと考えると、緊張しながらもありがたみを感じながら渡ることができるかもしれません。アマテラスやスサノオなど、神話の神々が造りあげた山岳造形が、のちに山岳修験道の一大霊場になってゆくという一連のつながりに、戸隠山の持つ歴史の深さと重みが感じられますね。

そして、そのときに活躍した神々は戸隠各社のご祭神として今も登山や参拝に訪れた人たちを見守ってくれています。たとえば奥社にはアメノタヂカラオ、中社にはオモイカネ、火之御子《ひのみこ》社にアメノウズメが祀られています。

神話の世界で、それぞれの神が活躍した様子を思い浮かべながらお参りすれば、さらに興味深くお参りができ、ご利益も倍増すること間違いなしです。特に奥社は戸隠山の登山口にありますので、一日の好天を願ってから登山をすることをおすすめします。

戸隠神社奥社

戸隠山・蟻の戸渡りの岩尾根

スサノオが熊野の神になった理由

スサノオノミコト（須佐之男命）はアマテラスの弟で、手のつけられない暴れん坊でした。そのことに困ったアマテラスは、やがて天の国である高天原から地の国へとスサノオを追放します。そんなスサノオも地の国の出雲においては、人助けをすることになります。

出雲で暮らすある夫婦には八人の娘がいましたが、毎年のように八俣大蛇《やまたのおろち》がやって来て娘を一人ずつ食べてしまい、残る娘はクシナダヒメ（櫛名田比売）ただ一人となりました。

そんな状況を見て、スサノオは八俣大蛇退治を決意します。そして見事に大蛇を討ち取った際に、その尾から出てきた立派な剣をアマテラスに献上しました。その剣こそ、後に三種の神器のひとつとなる草薙剣《くさなぎのつるぎ》です。スサノオはクシナダヒメと結婚し、山の樹木を司る三人の子どもに恵まれます。そのなかでも長男のイソタケルノミコト（五十猛命）とは朝鮮半島の新羅で暮らすのですが、新羅での生活が嫌になったスサノオは再びイソタケルとともに日本の地に戻り、生活を始めます。

そのとき、イソタケルは多くの木の種を携えていました。そして、その種を日本各地に植えたことから、日本の山には青々とした樹木が茂るようになったといわれます。

さらに『日本書記』には次のような記述があります。スサノオが髭を抜いて放ると、それがスギになった。次に胸毛を抜いて放るとヒノキになった、さらに尻の毛はマキになり、眉の毛はクスノキになった。その後、三人の子どもに「みんなでたくさんの山に木の種を蒔くことにしよう」と話します。つまりスサノオは大地を象徴する神さまでもあったのです。

かつて上皇から庶民まで、多くの人々が訪れ「蟻の熊野詣」といわれた熊野古道の目的地である熊野本宮のご祭神、家都御子大神《けつみこのおおかみ》はスサノオのことであると言われています。ではなぜ、スサノオが熊野の地に鎮座されているかといえば、それはスサノオがイソタケルとともに、多くの木々を熊野の地に植えたから。木はそれほどまでに、古の人々にとっても重要なものだったのです。ちなみにスサノオは「スギとクスノキは船を作るのに適している。ヒノキはお宮を作るのによい。マキはこの世の人々の寝棺《ねかん》を作るのに向いている」と言ったそうです。

そんな豊かな木々に囲まれた霊地である熊野古道は、今や世界遺産にも登録されています。地球のあちらこちらで選定された世界遺産のなかでも、道で登録されているのは、スペインのサンティアゴ・デ・コンポステーラの巡礼道と、熊野古道の二つだけ。そんな熊野古道には紀伊路、小辺路《こへち》、中辺路《なかへち》、大辺路《おおへち》、伊勢路、大峰奥駈道《おおみねおくがけ》などがありますが、まずは中辺路を歩いてみるとよいでしょう。他のルートに比べると距離が短く、取り組みやすく、見どころも多いコースです。

富士山と丹沢大山、霧島連山ゆかりの神々一家

九州の霧島連山の南に位置する高千穂の峰は、坂本竜馬がおりょうと新婚旅行で登った山として知られていますが、その遥か昔に天の神が降り立った山としても有名です。あるとき「天《あま》つ国」（天上の神々の世界）のアマテラスが孫のニニギノミコト（邇邇芸命）に「葦原《あしはら》の中《なか》つ国（地上の国）を治めよ」と命じます。それがきっかけで、ニニギは天孫降臨（神が地上に降り立つこと）することとなり、ニニギとコノハナノサクヤビメ（木花之佐久夜毘売）という世紀のビッグカップルが誕生します。

この結婚にはコノハナサクヤビメの姉であるイワナガヒメ（石長比売）も同時に嫁いだのですが、桜のように美しいといわれるコノハナノサクヤビメに対して、イワナガヒメは容姿には恵まれませんでした。そんなこともあり、ニニギはコノハナノサクヤビメだけを嫁にとり、イワナガヒメは父のオオヤマツミノカミ（大山津見神《日本書紀では大山祇神》）の元へと返してしまうのです。オオヤマツミの真意はイワナガヒメと一緒に嫁にもらってもらうことで、磐のように長い年月を幸せに過ごすことができるという思いでした。しかし、その願いは適わず、ニニギの寿命は短く、木の

花のように儚いものとなってしまいました。オオヤマツミの思いのように、岩や石には永遠を司る力があるのです。山で大きな岩や形のよい石を見かけたら、ぜひそれに触れて、末永く続くパワーをもらって下さい。

さて、話を少し戻します。葦原の「中つ国」に降り立ったニニギは、すでにお話しした通り、「国つ神」（地上の神）の美しい娘であるコノハナノサクヤビメと結婚します。富士山の噴火を鎮めるために、浅間神社のご祭神となっている方です。そしてその父は、オオヤマツミという山の神。丹沢の大山にある阿夫利《あふり》神社や各地の三島神社などでご祭神を務めています。

富士山と大山に共通するのは、ともに信仰の山であるということ。特に江戸時代、富士山信仰が盛んだった時期に、富士山に登ったあとに丹沢の大山《おおやま》に登ってお参りをするという人が大勢いました。富士山はコノハナノサクヤビメという女神なので、大山にも詣でて男神であるオオヤマツミも拝んで、片参りではなく両参りにしようと考える人が多かったのです。

また、大山は三角形でバランスのとれたとても形のよい山。江戸からも望むことができたその美しい山容は、浮世絵にも描かれました。そんな美しさも信仰の対象となった理由です。さらに江戸から近いこともあり、年間数十万人の参詣者が訪れたともいわれています。たしかに富士山やお伊勢参りと比べれば、日数的にも金銭的にも、庶民にとってはお参りしやすい山であったと思われます。そんな大山は別名「あめふり山」とも呼ばれ、雨乞い祈願の山としても信仰を集めていました。

再びニニギとコノハナノサクヤビメの話に戻します。二人はよほど相性がよかったのでしょう。出会って一夜の契りでコノハナノサクヤビメは身籠ることになるのですが、ニニギはそんな妻に疑いをかけます。「本当に俺の子なのか？　どこかにいる国つ神の子ではないのか」。それに反発したコノハナノサクヤビメは燃え盛る産屋のなかで、子を産む決意をします。「ここで無事に子どもが生まれれば、国つ神の子ではなく、天つ神であるあなたの子であることが証明されるでしょう」。そして燃え盛る産屋の炎のなかで、無事に三人の子どもを産み、疑いは晴れました。

その三人の子どもは、ホデリノミコト（火照命）、ホスセリノミコト（火須勢理命）、ホオリノミコト（火遠理命）と名付けられました。ホデリは海の幸を採って暮らしたので海幸彦、ホオリは山の幸を採って暮らしたので山幸彦と呼ばれるようになります。

多くの登山者が訪れる山々には、そんな神さまファミリーがお住まいになっているのです。

天《あま》つ神と国《くに》つ神

天つ神とは天上世界である高天原《たかまがはら》に住む神々のこと。その最高神はアマテラスです。スサノオもこの高天原に住んでいたのですが、のちに追い出されてしまいます。またニニギも、アマテラスの命を受けて葦原の中つ国へと降臨することになります。

北アルプスの雲ノ平に程近い高天原はとても素晴らしい場所で、ここここそ天の神々が住む、高天原にふさわしい場所と思われたことから付けられた名でしょうね。また、少し場所が違いますが、上高地もかつては「神降地」と呼ばれ、神が降り立つ地にふさわしい場所であるとされたという説があります。

私にとっての高天原は、高校一年生のときにワンダーフォーゲル部で訪れた朝日連峰ですが、それは当時私が十六歳だったころの朝日連峰で、今現在の朝日連峰ではないです。そういう意味では私もスサノオと同じように、もう高天原に戻れないのが残念です。あなたにとっての高天原はどこですか？

また、国つ神とは葦原の中つ国という地上世界にお住まいの神々のこと。国つ神の代表としては出雲大社のオオクニヌシノミコト（大国主命）が有名です。

毎年旧暦の十月には全国から神々が出雲に集まり、人々の縁を結ぶ会議が行なわれます。ゆえに十月は出雲では神有月《かみありつき》、他の地方では神無月《かんなづき》と呼ばれるのです。十月には、ぜひ多くの神が集まる出雲の山へと足を運んでみてはいかがでしょう。すてきなご縁が待っているかもしれません。

ヤマトタケルとゆかりの山々

関東各地の山々を歩いていると、ヤマトタケルノミコト（倭建命《日本書紀では日本武尊》）という名前を見かけることが多いことに気がつきます。東征（東方の神を平定すること）の折に立ち寄った山々で、ヤマトタケルの伝説が生まれたのでしょうが、私も勉強不足でどのような人物なのかをよく把握していませんでした。しかし、ほんのわずかな知識だけで、ヤマトタケルの名を見かけるたびに、より興味深くその地を歩くことができるようになりました。ここでは、そんなヤマトタケルについての伝説を少し振り返ってみることにしましょう。

第十二代景行天皇の皇子であるヤマトタケルは、実の兄を殺してしまうほどの荒々しい性格でした。しかし、その荒々しさと勇敢さは、戦をするにはとても適した人材だったのです。それを物語るのが、九州のクマソタケル（熊曾建）兄弟を打ち破ったときの話に表われています。その当時、ヤマトタケルは小碓《おうす》という名でしたが、クマソタケルを倒した際に「あなたは私たちよりも猛々しい方だ、これからは建と名乗れ」と告げられます。倭《やまと》の国の猛々しい男ということで、ヤマトタケルと名乗るようになったのです。

ヤマトタケル伝説が残る伊吹山（米原・三島池から）

そして、その後は父である景行天皇の命を受けて西日本を平定。倭の国に戻って休む間もなく、今度は東国を平定せよとの命を受けます。父は私が死んだほうがよいと思っているのではないかと悩むヤマトタケルに、叔母であるヤマトヒメ（倭比売）は草薙剣《くさなぎのつるぎ》と小さな袋を授けます。

その剣の力は絶大で、駿河国の野原でクニノミヤツコ（国造）に騙されて炎の海に包まれてしまった際には、その剣で草を薙ぎ払い、袋に入っていた火打石で火を起こして、向かってくる火を退けて難を逃れます。しかし浦賀水道を舟で渡ろうとした際には海峡の神に阻まれて大嵐となり、どうしても前に進むことができず、その際に同行していた妻のオトタチバナヒメ（弟橘比売）が身代わりとなって海に身を投げると海は静まり、ヤマトタケルは無事に浜辺に着くことができたのです。

そんな苦労を重ねながらも、ヤマトタケルは東国を平定することに成功。そして国へ戻る途中で伊吹山に登った際に、白い大きなイノシシと出会います。そのイノシシを伊吹山の荒神の使いと思ったヤマトタケルは「今殺さなくても、帰りに殺してやろう」と言います。実はそのイノシシは、神の使いではなく、伊吹山の荒ぶる神そのものだったのです。

怒った荒神は大粒の雹をヤマトタケルに見舞います。命からがら逃げ切ったタケルは山麓に湧き出る清水で身を清め、一命を取り留めます。この時にタケルは草薙剣を、新たな妻となる尾張国のミヤズヒメ（美夜受比売）の元に置いてきてしまったのです。あの剣さえあれば、きっと違った展開になっていたでしょう。もしも伝説が変えられるのであれば、ヤマトタケルには無事に倭の国に帰っていただき、日本各地の山々にもっと伝説を残して欲しかったです。

さて、タケルが一命を取り留めたという清水は今も存在し、「居醒《いざめ》の清水」という名水として知られています。そして、伊吹山の山頂にはヤマトタケル伝説を記念して、立派なヤマトタケル像が立てられています。伊吹山に登頂した際にはヤマトタケルを想い、ぜひ合掌一礼してほしいと思います。

では、一命を取り留めたヤマトタケルはその後どうなったのでしょうか？

最後の力を振り絞り倭の国へ帰る途中で、とうとう力尽きてしまい、有名な次の歌を詠みます。

伊吹山山頂のヤマトタケル像

「倭《やまと》は国のまほろば　たたなづく　青垣　山隠《やまごも》れる　倭しうるわし」。そしてその命が尽きたとき、一羽の白い鳥が、その場から飛び立っていったのです。

ヤマトタケルはなぜそれほどまでに戦場へと向かったのか？　それは父である景行天皇のことが、大好きだったからといわれています。大好きな父の役に立ちたいという思いだったのです。しかしそれに対して、父はヤマトタケルのことを恐れていました。そのために、休む間もなく次々とタケルを戦場へと向かわせたのです。

戦の途中で妻をも失うなど、タケルの生涯は決して恵まれたものではなかったように思います。しかし、そんなタケルも最期の瞬間に白鳥となって大空に飛び立つことができたのです。そして時代は下り、その白鳥が舞い降りたという伝説が全国各地に広まり、そこにはヤマトタケルがご祭神として鎮座する大鳥神社が次々に創建されました。古来から白鳥というのは穀霊の象徴とされています。そのことから豊作が祈願されるようになりました。そして現代では豊作＝商売繁盛ということで、大鳥神社には商売繁盛に縁起がよいとされる熊手を求めて多くの人たちが訪れるようになりました。あなたの街にも、もしかしたらヤマトタケルがいらっしゃる大鳥神社があるかもしれませんね。

さて、ここまで読んでいただいて、山好きの人ならピンと来たかもしれませんが「武尊」という名前に見覚えはありませんか？　そう上州《じょうしゅう》武尊《ほたか》（武尊山）です。ホタカの元々の意味は高い峰という意味ですが、江戸時代以降に武尊の字を使うようになり、ヤマトタケルがそのご祭神となっています。武尊山の山麓には数多くの武尊神社がありますが、代表的なのは片品村花咲《はなさく》の武尊神社。登山口である登戸には花咲石という大きな石があり、ヤマトタケルが退治した悪者の霊魂が石になったといわれています。

その他にも東征の折にヤマトタケルの伝説が残っている山は数多くあります。奥多摩の御岳《みたけ》山では、ここに陣を構えて進もうと考えたタケルの前に、邪神が白いシカに化けて行く手を塞いだが、山蒜で大鹿を退治したとか、その際に山が鳴動して、濃い霧が発生したが白狼が現われてタケルを導き、難を逃れたという伝説が残っています。そしてそのことから白狼が大口真神《おおくちのまがみ》としてこの山に留まり、のちに、火難、盗難の守護神になったと言われています。また、無事に東征を果たして御

剣ヶ峰山から見た武尊山

岳山に戻ったタケルが身に着けていた鎧甲などの武具を岩蔵に収めたことから、この地が武蔵《むさし》と呼ばれるようになったようです。

日本百名山にも選定されている、奥秩父の名山「両神山」の名の由来はイザナギ、イザナミの二神がいらっしゃるので「りょうかみ」という名が付いたと紹介しましたが、そのほかに、ヤマトタケルが東征の際に八日間この山を見ながら歩いたとのことから「八日見《ようかみ》」となったという説もあります。ほかにも関東各地の山に、さまざまなヤマトタケル伝説が残っています。

もしも今度、登山中にヤマトタケルの伝説に出会ったなら、ここでお話ししたことを思い出しながら山を歩いてみて下さい。

身近な神社の神を知る

日本神話に出てくる主な神々を紹介しましたが、山麓や登山口、そして山の中腹のお社などには、このほかに、あなたがよく知る身近な神々が祀られていることがよくあります。そこでこの項では、お名前は耳にするけれど、知っているようで知らない神さまたちについて学んでおきましょう。

お稲荷さま

神社の数が日本にどのくらいあるのか、ご存じでしょうか？　一万社ですか？　残念。答えは約八万社です。しかし正確には把握できていないようで、約十万社ともいわれています。それでは、お寺の数はどのくらいかというと約七万五千ヶ寺。でも、そういわれてもピンとこない人も多いと思います。わかりやすい比較対象としてはコンビニエンスストアがあります。コンビニは全国で約五万店あるそうです。どうですか？　これで神社の数がいかに多いのかよくわかりますよね。

そのなかでも稲荷《いなり》神社は約三万二千社で、小さなお社まで含めると四万とも五万ともいわれています。特に江戸時代には稲荷信仰が盛んだったようで、江戸で多いのが「火事と喧嘩とお稲荷さまと犬のフン」といわれています。

では、お稲荷さまとはどのような神かというと、読んで字のごとし、稲を荷なう神さまです。一般的には商売繁盛として知られていますが、それは稲を担う→豊作→商売繁盛という具合に連想されてきたからです。

また、お稲荷さまといえばキツネを思い浮かべる方も多いと思いますが、キツネは神ではなく、神の使いです。キツネという動物は、春になると山から里に下りてきて、秋になると里から山に帰るという行動をとります。そのことから山の神の道先案内人として田植えの時期には神を山からお連れして、収穫が終わると今度は神とともに山に戻ると考えられていたようです。

そんなお稲荷さまの総本社は京都の伏見稲荷。昨今は外国人客にも人気の観光スポットとなっているようです。たしかに山の上に向かって延々と続く鳥居のトンネルは日本的な神秘が感じられますね。この山は関西で人気の「京都一周トレイル」東山コースのスタート地点にありますので、ハイキングなどの際、時間に余裕があればお参りをされてから先に進むとよいでしょう。小さな祠が二万あまりもあるというお山巡りは、健脚の人で約二時間、ゆっくり歩きなら三時間はかかりますので、低山歩きとしても楽しめます。

その他の代表的なお稲荷さまとしては、茨城の笠間稲荷や、愛知の豊川稲荷などがあります。

八幡さま

八幡さまは全国で約四万社あるといわれています。主祭神の八幡神とは第十五代応神天皇のことですが、八幡神社では、応神天皇のほかにお母さまである神功皇后《じんぐう》と、妃であるヒメノオオカミ（比売大神）が一緒に祀られています。女神のご利益としては安産や子育てです。では、応神天皇のご利益とは何なのでしょうか？

八幡さまの大元は、大分の宇佐《うさ》神宮です。その後に、京都の石清水《いわしみず》八幡宮に勧請されます。勧請とは神さまにお越下さいとお願いして、お宮やお社に来ていただくこと。神さまはありがたいことに分霊という形で、分身のように分かれて、ほかの場所にも来ていただくことができるのです。

京都の石清水八幡宮で源義家が元服した後に、八幡太郎義家と名乗ったことから、八幡さまは源氏の守護神となります。その後に京都から鎌倉の由比ヶ浜の近くへと勧請された八幡さまは、やがて今も多くの参拝者でにぎわう鶴岡《つるがおか》八幡宮へとお住まいを移します。そんな八幡さまが鎌倉にいらしてからは、各地の武将が戦の神として信仰し、自らの土地に八幡神をお招きになります。そう、八幡さまは戦の神として武将に厚く信仰されたのです。

私は鎌倉のハイキングにもよく出かけるのですが、ときおりコースの途中から鶴岡八幡宮の赤いお宮が見えることがあります。そんなときはお宮に一礼して、登山でケガなどがないようういつもお願いしています。山と戦っているつもりはありませんが、登山もある意味、自分との戦ですから。自分に負けないように八幡さまにお願いするのです。

八幡さまは戦の神ですが、戦のない現代ではどのようなことをお願いできるでしょう？　受験、就活、婚活、あるいはスポーツの試合などに置き換えられるのではないでしょうか。最近はまるでデパートのように、「あれにもご利益があります。これにも役立ちます」と、神社もなんでも屋さんになってきましたが、本当は神さまにも得意分野があったはずです。これからは、自分がお願いしたいことを得意にしている神さまを調べて、そのお社に足を運ぶとよいでしょう。

天神さま

天神さまといえば、私は太宰府《だざいふ》天満宮がまず頭に浮かぶのですが、京都には豊臣秀吉が大茶会を開いた北野天満宮がありますし、東京なら受験シーズンに多くの人でにぎわう湯島天神があります。それらのご祭神といえば菅原道真《すがわらのみちざね》公であり、言わずと知れた学問の神さまですから、当然、受験や学力向上、資格の取得などにご利益を発揮します。

では、菅原道真とはどのようなお方だったのでしょうか。平安時代の政治家であり、文人としても知られる道真公は、文才に優れ、学業も優秀でした。そして醍醐《だいご》天皇の時代には、右大臣の地位にまで昇り詰めます。

しかし、そのことを妬んだ藤原時平らの嘘の告げ口により、無実の罪を着せられ、九州の大宰府へと左遷させられてしまいます。その際に京都で大切にしていた梅が、主人が恋しくて一夜にして大宰府まで飛んで来たという伝説があります。それが有名な「飛梅伝説」で、道真公は京都を去るときに次のような歌を詠んでいました。「東風《こち》吹かばにほひおこせよ梅の花あるじなしとて春な忘れそ」（春の東風が吹くようになったら、その香りで知らせておくれ、ウメの花よ。私がいなくても、春を忘れないでおくれよ）。道真公は梅をとても愛していましたので、天神さまではどこも梅が植えられ、早春になると花の香を放ち、多くの参拝客が訪れるのです。

山登りでも、二〜三月になると梅の香が漂うなかを歩くことがありますよね。満開の梅を眺めていると春が来たなと感じられてうれしくなります。私は、関東では筑波山の梅園がお気に入り。まるで梅の花が大河のように山の斜面を下っていくさまは、まさに壮観です。

道真公といえば、もうひとつ忘れてはならないのが牛です。天神さまに行くと牛がいて、みなさんその頭や体をなでていますよね。道真公は丑年の生まれで、いく度かのピンチを牛が救ってくれたという話があります。そんな道真公が大宰府に赴いて二年の月日が過ぎた五十九歳のときに、失意のうちにその生涯を閉じます。そしてその亡骸を京都へ運ぶ際に道真公を乗せたのも牛でした。

道真公の亡骸を乗せて京へと動き出してしばらくすると、牛は突然動かなくなります。きっとそれは道真公のご意思に違いないということで、その場に亡骸が埋葬されました。そして後に、その場所に太宰府天満宮が建てられることになったのです。

道真公の死後、京都では事件が続きます。道真公を陥れた藤原時平が病死したり、宮廷に雷が落ちて死傷者が出たり、疫病が流行したり……。そして、このように悪い出来事が続くのは菅原道真公の祟りに違いないと思われたのです。そこでその祟りを鎮めるために神として祀り、祟るのではなく人々を守護する立場になっていただこうということで、菅原道真公は天満宮の神となりました。

古の人々は、祟りを本当に恐れていましたから、不吉なことがあると神として祀ることが時おり行なわれていました。人が神になるのは祟りを恐れたときか、徳川家康公が日光で東照大権現になられたように、その時代に人々のために活躍したということが主な事例です。

さて、そのような理由で神となった菅原道真公も、今では学業を支える神として、多くの子どもたちを見守り、愛される神さまとなっています。

登山にゆかりの守護神に感謝を

私たちが憧れの山に登るためには、本人の努力、周囲の協力、そして目には見えない力の三つが必要です。目に見えない力とは、「運」ということになりますが、それこそが私たちを守護して下さる神のお力ということになります。お天気をお願いするのはやはりアマテラスということになりますが、アマテラスに関しては他のページで紹介していますので、ここではその他の登山にゆかりある守護神についてお話ししましょう。

七福神によき登山を願う

七福神信仰は室町時代末期に、上方で流行した福神信仰から始まったといわれています。そして江戸時代に入ると、七福神信仰はさらに広がりを見せます。徳川家康が国を安泰にするための方法を、上野の寛永寺や川越の喜多院などで住職を務めた天海僧正に相談し、天海僧正は七福神のお参りを広めることを進言したそうです。天海僧正は、七福神にはそれぞれ次のようなことを司るお力があると話しました。

寿老人《じゅろうじん》＝寿命、大黒天＝裕福、福禄寿＝人望、恵比寿＝清廉、弁財天＝愛嬌、毘沙門天＝威光、布袋《ほてい》＝大量。そして大切なことは、ただお参りするだけではなく、その徳に倣う生き方をすることであるといわれています。

登山でもリーダーは人望や度量が必要ですし、メンバーも清廉さや愛嬌があった方がより楽しい雰囲気になりますよね。山に行くにはお金も必要ですし、安全登山を心掛け、生き甲斐としての登山を続けることで寿命も延びます。また、朝日に輝く山々には威光が感じられるもの。そう考えると七福神は、まさに登山の守護神です。

七福神はそれぞれ、インド、中国、日本の代表です。おそらく室町時代後期の日本では、世界はこの三国で占められていると思われていたのでしょう。ではいったい、どの神がどの国の代表なのでしょうか。

まず、大黒天、弁財天、毘沙門天という「天」と名の付く神はインド代表です。そして寿老人、福禄寿、布袋は中国代表。さらに恵比寿は唯一の日本代表ということになります。

恵比寿とはどのような神なのかというと、イザナギ、イザナミ神の子で、アマテラスやスサノオの兄弟にあたります。しかし恵比寿は三歳になっても足が立たない不完全な体だったために、葦の舟に乗せられて海に流されてしまいます。かつては水に流すことで、再生されて戻ってくると信じられていたのです。そのような体が不完全な子のことを蛭子《ひるこ》と言いますが、実は体の不完全な箇所にこそ福があることを示しているともいわれています。欠点と思われる部分にこそ、長所が隠れているということなのです。

そういえば、世界的に有名になった冒険家の植村直己さんも、明治大学の山岳部に入ったころは、山でよく転んでいたので「ドングリ」というあだ名が付けられたといいます。でも植村さんは、それにめげずに努力を重ね、世界で初めて七大陸の最高峰の頂に立つという快挙を成し遂げます。欠点を努力という長所で補ったのです。

さて、その後の蛭子がどうなったのかは神話には触れられていませんが、西宮神社の伝説によれば、海に流された蛭子は海上を漂ったのちに、摂津国西の浦の海岸に漂着し、土地の人々の手で大切に育てられ、夷三郎と呼ばれる大神として祀られるようになったといわれます。そして今にいたり、豊漁のイメージから商売繁盛のご利益を司るようになりました。私たち山岳ガイドはもとより、山小屋や登山用具店の方々にも、機会があれば恵比寿神へのお参りをおすすめします。

「紙」の神様に登山の安全を願う

安全登山に欠かせないものに、登山計画書やガイドブック、山岳雑誌などの情報誌の存在があります。そしてそれらが「紙」でできていることを考えると、やはり「紙」の神さまにもお礼を言っておきたいものです。お礼には、次のお社をお参りするとよいでしょう。

福井県越前市に位置する岡太《おかだ》神社・大龍神社は、権現山山頂の上宮（奥の院）と山麓の下宮からなっていて、奥の院には岡太神社と大瀧神社の本殿が並んで建てられています。約千五百年前に、この里に紙すきを伝えたとされる女神・川上御前が紙の祖神として祀られています。ある日、岡太川の川上に忽然と美しいお姫さまが現われ、次のように告げられました。「この里は谷間にあるので、田畑が少ない。しかし、清らかな水に恵まれているので、紙をすいて生計を立てればよい」と。自ら衣を脱がれて、紙すきの技を里の人々に教えたとされています。喜んだ村人が名前を尋ねると「この岡太川の川上に住むものである」と告げると、忽然と消えてしまったのです。

それからはその美しい姫を川上御前と崇めて、岡太神社を建ててお祀りしたと伝わります。そんな越前和紙は、四～五世紀ごろにはすでに優れた紙をすいていたということが正倉院の古文書にも記されているそうです。

近くには、日本百名山の荒島岳や白山もありますので、それらの山々に出かけた際に、お参りに足を運んでみてはいかがでしょうか。

登山の楽しみと安全に欠かせない、カメラと時計の神に詣でる

登山の思い出や、素晴らしい山岳景観を記録するのにカメラは欠かせない存在です。また、予定通り登山が進んでいるかを確認するためには時計の存在も重要。これらにまつわる神もいらっしゃいます。

山口県防府市の玉祖《たまのおや》神社は、レンズや時計、宝石の神として知られています。カメラの重要な部品にレンズがありますし、そのレンズや宝石のことを「玉」といいます。そして水晶も宝石のひとつですが、水晶時計（クォーツ）のように水晶振動子を用いた時計もありますので、冒頭の製品にゆかりの神ということになるわけです。このお社の主祭神はタマノオヤノミコト（玉祖命）で、アマテラスが岩戸に隠れてしまった際に、そこから出ていただくために勾玉を造られた神です。そのお名前には勾玉を作る集団である玉造部の祖神であり、勾玉を作る者という意味があります。

山小屋やテント場で美酒に酔う、酒造りの神に感謝

山といえば、欠かせないのが酒です。一日の登山が終わり、山小屋やテント場でのくつろぎのひと時に、緊張を解し、癒しを与えてくれます。私は下戸ですけれど、最近は生ビールを出してくれ

る山小屋も増えてきて、左党の方にはうれしい限りなのではないでしょうか？　そんな酒の神さまといえば、やはり酒を造ったオオヤマクイノカミ（大山咋神）でしょう。オオヤマクイノカミの祖父はあのスサノオで、父親がオオトシノカミ（大年神）です。オオトシノカミは新年にやって来て、五穀豊穣を約束して下さる神。新年に年神さまを迎えることで、生活や生産に関わる新たな生命力を得ることができるのです。そんな偉大な系譜を継ぐオオヤマクイノカミは、その名の通り山の神なのですが、オオヤマツミ（大山津見神）のように山全体を司るのではなく、比叡山の守護神なのです。後には、日枝《ひえ》神社に勧請されて江戸城や皇居の守護も担当する神となってゆきます。

そんな大山咋神が祀られているのが、京都市西京区の松尾大社です。その御由緒によれば、丹波の国が湖だったときに住民の要望に応えて、保津《ほづ》峡という川を作って湖水を流しました。そのお陰で、干上がった土地は農地に適した場所となり、荒れ地は潤ったとされています。

この言い伝えは、秦の始皇帝の末裔と称する秦《はた》氏が集団でこの地にやって来て、オオヤマクイノカミのご神威を仰ぎつつ、この地方の開拓を進めたことを示すものといわれます。そして秦一族が日本に酒造技術を伝えたことから、室町時代末期以降は、松尾大社が「日本第一酒造神」と言われるようになったのです。オオヤマイクノカミにお願いしておけば、きっと山で美味しいお酒がいただけるでしょう。

願いが届く、神社でのお参りの仕方

登山に出かけると、登山口や山頂に神社があることが多いと思います。そんなときは時間が許す限りしっかりとお参りをしていきましょう。ここでは願いが届くお参りの仕方を紹介します。

まずは鳥居の前で一礼。帽子をかぶっている人は脱帽が基本です。境内に入り、手水場があれば手を洗い口を漱いで清めて下さい。次に拝殿に進みましょう。お賽を入れて「カラン、カラン」と鈴を鳴らします。お賽銭は五円、十五円、二十五円、四十五円などがよいとされます。それぞれ、ご縁がありますように、十分なご縁がありますように、二重にご縁がありますように、始終ご縁がありますようにということになります。そして賽銭箱に入れるときは、投げるのではなく、静かに手渡しするような気持ちで。つぎにご挨拶。まずは二礼、深く二回お辞儀をします。二拍手「パンパン」と大きな音が出るように手のひらを合わせて下さい。拍手の音を聞いて神さまは「誰か来た」と気が付いてみなさんの前に現われて下さいます。住所と氏名を告げ、そして何かひとつ、お願いごとを告げて下さい。たくさんのお願いごとがあるでしょうが、ここで願いをひとつに絞るのです。「健康でいられますように」とか「素敵な彼氏が見つかりますように」など。願いをひとつにすることで、自分が何を望んでいるかがはっきりします。

第三章 仏教に学ぶ登山の知恵

仏教に学ぶ安心登山の知恵

この章では仏教の教えをもとに、より安心で充実した登山を実践するための方法を学んでいきましょう。仏教では「安心」と書いて「あんじん」と読みます。「安心」とは、不安のない穏やかな状態。不安のない状態で山に登れば、事故のリスクが減って、より充実した登山ができるはずです。

そのための具体的な話に入る前に、仏教の開祖であるお釈迦さまの生涯について簡単に触れておきます。お釈迦さまの生き方を知ることで、山の信仰についての理解もより深まるはずです。また、釈迦ヶ岳のように釈迦と名の付く山も全国各地に点在します。基本知識として知っておけば、登山の楽しみもより広がるでしょう。

では、そのお釈迦さまとはいったいどんな方なのでしょうか？　お釈迦さまはブッダとも呼ばれます。ブッダとはサンスクリット語で「悟りを得た人」のこと。また釈迦とは古代インドの部族である「釈迦族」のことを表わしています。その釈迦族の王子として紀元前四～五世紀ごろに生まれたのがゴーダマシッダールタ（以後、釈迦と表記）です。父親は釈迦族の王、浄飯王《じょうぼんのう》、母親は王妃、摩耶《まや》。関西の六甲山系にある摩耶山は、釈迦の母である摩耶夫人《ぶにん》が祀られている山です。

摩耶はある夜、六本の牙を持つゾウが右の脇の下から体内に入ってくるという夢を見ます。その後に懐妊。そしてお産のために実家に帰る途中に、ルンビニーという地の花園で無憂樹《むゆうじゅ》（マメ科の木）の花に手を伸ばしたときに右脇から赤ちゃんが生まれました。その赤ちゃんはスクッと立ち上がると、七歩歩き「天上天下唯我独尊」と宣言します。

生誕から五日後、シッダールタ（目的を成就したもの）という名が付けられました。しかし、残念ながら釈迦の生後七日目に母である摩耶が亡くなります。釈迦はその後も大切に育てられて、青年から大人へと歳月を重ねてゆきますが、母親を失った苦しみが消えることはありませんでした。

ある日、城の東にある門を出ると、衰えた老人に出会い、南の門を出ると病人に、西の門を出ると死者に、北の門を出ると清廉な出家者に出会いました。これによって「生老病死」という四つの苦しみ（四苦）を知った釈迦は出家を決意します。このとき釈迦は二十九歳。生まれたばかりの子どもと妻を残して旅に出るのです。

そう聞くと、ひどすぎると誰もが思うに違いありませんが、実は後継ぎがいないと出家できないという規則を満たすために、梵天のお力で釈迦の妻を懐妊させたのでした。梵天は仏教では帝釈天と並ぶ、数多くの天部のなかの長です。仏教では如来、菩薩、明王、天という四つの位があり、天は四番目の位なのですが、古代インドでは万物根本の神だった方がやがて仏教の教えに導かれ、仏を守護するガードマンの役割を務めることになりました。そんな天部の長が釈迦を出家へと導いたのです。釈迦とて家族を捨てるのに迷いはあったはずです。それがゆえに息子にラーフラ（邪魔者）という名前を付けて、未練を断ち切ろうとしたのではないでしょうか。釈迦は苦しみを取り除くための悟りを得たいと願い、そこまでして出家したのです。

釈迦は王舎城《おうしゃじょう》と呼ばれる出家者が集まる場所に向かいました。そこで多くの師に話を聞きましたが、これといった答えは見つからず、自ら厳しい修行の道へと突き進みます。しかし月日が過ぎても一向に悟りは得られず、苦しい修行をしても悟りを得られるわけではないということに気がつき、苦行をやめることにしました。そのときの釈迦はすでに瀕死の状態に陥っていましたが、運よく村長の娘スジャータが衰退していた釈迦に気づき、乳粥を食べさせると次第に健康を取り戻します。その後、菩提樹の下で座禅を続けた釈迦は、悪魔が次々に運んでくるさまざまな欲望に打ち勝ち、ついに悟りを得ます。出家してから六年目、三十五歳になっていました。

悟りを得た釈迦は梵天の願いにより、悟りへの道を伝道することを決意します。悟りとは真理を知り煩悩を断ち切ること。そして私たちが今いる此岸《しがん》の世界から、彼岸《ひがん》の世界へと渡ることなのです。釈迦の説法を聞く人が徐々に増えていき、教団ができました。釈迦の力が増すにしたがい、それを妨害する者も現われましたが、同時に有力な支持者も現われます。マガダ国の国王やコーサラ国の王も王族や家臣を従えて釈迦の教えを篤く信仰したのです。

多くの弟子たちを指導し、悟りへといたる教えを各地で伝えてきた釈迦もいつしか八十歳になりました。そしていよいよ、釈迦にとっての最後の旅が始まります。クシナガルという土地に着くと、釈迦は弟子のアーナンダに「私は疲れた。横になりたい」とおっしゃったので、二本の沙羅双樹の間に床を作りました。釈迦はそこで頭を北にして横たわり、最後の教えを弟子たちに伝えます。「すべてのものは移ろいゆき、無常である。怠ることなく修行を行ない、成就しなさい」。その後、多くの弟子たちに見守られながら、静かに入滅（亡くなること）されたのでした。このときに釈迦が頭を北にしていたことから、仏に対して北枕にするという風習が生まれました。そして、いつの間にか北枕は縁起が悪いと思われるようになったのですが、私は縁起が悪いとは思っていません。それは、釈迦の入滅、つまり煩悩を滅した涅槃のお姿を表わした状態だからです。

以上、簡単に釈迦の生涯について触れましたが、約二千五百年前の釈迦の教えが、仏教として今も世界各地で信仰されています。大ベストセラー『バカの壁』の著者で、東京大学名誉教授の養老孟司さんは『真っ赤なウソ』という著書のなかで、「現代の科学をやっていて、脳のことを一生懸命考えて、それで本を書いたらお経と同じになった。それもごく古いお経と同じになった」と記しています。お釈迦さまの教えは現代科学にも通じるということなのですね。

憧れの山に登るためのお釈迦さまの教え

お釈迦さまは「生きることは苦である」と説かれました。ではなぜ苦なのかというと、それは思い通りにならないからです。思い通りにならないことを思い通りにしたいと思うと苦が生じます。では、お釈迦さまはその苦しみをどのように解決したのか、登山を例に探ってみましょう。

より困難な山の登頂を目指すアルピニストたちは、常に危険と隣り合わせの登山をしていますが、彼らが危険を求めているわけではありません。なぜなら登山とは、山頂を踏んで無事に帰ってくることで初めて成功といえるのですから。登りたいけれど、行けば危険と隣り合わせ。命はひとつしかなく、そこに「苦」が生じます。

そこでアルピニストはリスクを減らす作業に取り組みます。まずは目的の山に登るための体力をつくる。次にその山のレベルに応じた技術を身につけるのです。岩場の多い山なら、岩登りの技術。沢登りならルートを選ぶ目、滝を登る力、読図などの総合力。雪山ならピッケル・アイゼンワークを身につけている必要があります。

一般の登山愛好家にとっても試練はあります。自分が憧れの山に登りたいと思っても、リーダーがまだ無理だといえば一緒に山頂を目指すことはできません。そのとき、「なんで私はダメなの」と思うと苦が始まります。でも、苦から逃れる方法は簡単です。ひとつは、今回のチャレンジは諦めるということです。諦めるという言葉はネガティブに捉えられがちですが、実は「明らかにする」という意味があります。「ダメなもの」に執着していると、いつまでも苦しみから逃れることはできません。そんなときは執着から離れて、今の自分の実力では登れないのだ。ということを明らかにして、では登れるようになるためにはどうするかを考え、それを実行に移せばよいのです。

劔岳・早月尾根の登山口に立つ石碑には、私が大好きな「試練と憧れ」という言葉が刻まれています。お釈迦さまの教えがあれば、そんな試練をもきっと乗り越えていけるはずです。ここで私が大切にしている言葉を紹介しましょう。それは「諸行無常を感じれば、遭難事故の防止に役立つ」です。

諸行無常というと、なんとなく物悲しさをイメージする方が多いようですが、その意味は「時は常に移りゆき、今と同じ状態は続かない」ということです。私も山岳ガイドを生業としてから二十年以上が経ち、その間、毎年二百日程度は山に登っていましたが、五十歳を過ぎてからは、連続で山に登るのがだんだんしんどくなってきました。「五十代なんてまだまだ若いわよ」とやさしい言葉をかけてくれる人が多いのですが、プロである以上は衰えも自覚したうえで、登山計画を立てる必要があります。

たしかに気持ちは若いままですが、現実には視力が落ち、バランス力は低下、登山の準備にも以前より時間がかかるようになりました。ガイドとして参加者の安全を確保するために、今までよりも体力度や技術度の低い山を増やしたり、登山中に参加者にしっかり目が届くように募集人員を減らしたり、サブガイドを増やしたりなどの対策を取るようになりました。やはり、三十代や四十代の自分と比べると明らかに変わった部分が存在します。ただ、ありがたいことに衰える部分だけではなく、向上していく部分もあります。たとえば経験や知識はどんどん増えていきます。そういうところで勝負できる登山もあるわけです。

数年前から山ガールという言葉が登山界をにぎわせていて、事実、大勢の若い人が山登りを楽しむようになりました。しかし、それ以前は長らく中高年が登山界の主役でした。もちろん、今も多くの中高年登山者が活躍していますが、残念ながら中高年登山者の遭難事故も年々増えています。

かつては考えられなかったことですが、その事故の原因として転倒・滑落、道迷いと並んで、山での病気による事故も増えてきています。特に標高三千メートルクラスの山だと、空気の薄さが病の引き金になることがあります。そんな中高年登山者の会話で、「前に行ったときにはコースタイム通りに登れたから大丈夫だろう」などという言葉を耳にしたりします。でも、その「前」というのが二十年前だったりするわけです。特に若いころに登山をやっていて、五十代や六十代で登山に復帰した人に、そのような会話が多いように見受けられます。

三十歳のときの筋力を百とすると、その後何もしていない場合、一年間で一パーセントずつ衰えるそうです。だとすると、六十歳では三十パーセント衰えるわけですね。三十歳のときに十時間歩けた筋力も、六十歳では七時間しか歩けないということになります。要するに自分はまだ若いときと同じだと思っていると、それが遭難事故の原因に結びつきます。「諸行無常」に気がつかずに途中でバテてしまったり、足が攣って歩けなくなってしまった人を数多く山で見てきました。でもそれぐらいならまだいい方。なかには登山中に脳梗塞や心筋梗塞になってしまう人もいます。

要因はさまざまですが、ひとつに「自分はまだ若い」という気持ちがあるのではないでしょうか？　たしかに今の中高年者は、ひと昔前よりも十歳は若くなったと思いますし、若いときの気持ちを持ち続けることはとてもよいことだと思います。しかし、それはそれとして、ある程度の年齢になったら体力、技術、思考力が徐々に衰えていくということも頭に入れて、登山の計画を立てるようにしましょう。

それぞれの時を経て今があるように、登山も人生と同じように諸行無常です。そのことを意識の片隅に置くことで、みなさんの登山がぐんと安全なものになるのではないかと思います。

お釈迦さまの言葉に背中を押された、初めてのヒマラヤ

お釈迦さまは、私たちが悩みや苦しみから解放されるためのさまざまな言葉を残しています。そのなかでも私が影響を受けた言葉をもうひとつ紹介しましょう。

「心の迷いをかかえて百年生きるなら、真理を知り、静かに一日生きる方がよい」

心に迷いをかかえながら不幸せな人生を過ごすなら、百歳まで生きても意味がない。それならば真理を摑み、たとえ一日でも幸せなときを過ごした方がよいという言葉です。ただ生きるだけではなく、どう生きるのかが大切ということですね。

私は高校を卒業してすぐに旅行会社に就職し、社会人となりました。高校の三年間はワンダーフォーゲル部の活動に熱中し、就職と同時に社会人山岳会に入会。そして勤めてから三年が過ぎたある日、山岳会の先輩からヒマラヤ登山に誘われます。目的の山は、インド・ヒマラヤのガンジス河源流ガンゴトリに聳えるサトパント（七〇七五メートル）。当時は北面からは登られていたものの、南面からは誰も登っておらず、未踏が保たれていました。登山に出かけたのは一九八四年。八十年代は八千メートル峰の登頂よりも、誰も登っていない未踏峰や未踏ルートが登山家の間で注目され

サトパントでは、お釈迦さまの言葉「どう生きるか」を考えさせられた

ていました。

正直なところ、仕事よりも登山の方がはるかに多く心の中心を占めていました。しかし、当時はまだ終身雇用が当たり前の時代。定年まで会社勤めをまっとうするのが世間の常識で、退職や転職はネガティブなイメージを持たれていました。

そんな時代でしたから、私も迷いました。でも、そのときに出会ったのが冒頭のお釈迦さまの言葉です。私が仏教に強い関心を抱いたのは、二十歳のころ。仕事で、ある真言宗のお寺の檀家さんを対象にした高野山詣でのツアーを担当したことがきっかけでした。

東京から夜行バスで高野山へ。そこで初めに十善戒を授かることになったのです（十善戒に関しては次項を参照）。真っ暗なお堂で阿闍梨《あじゃり》さまからその戒を授かったときのインパクトは、二十歳の若造にとって、とても強烈な印象を残しました。そんなこともあり、山と仕事の合間に寺に通ったり、仏教に関する書物を読んだりする機会も増えていきました。

仕事は楽しいときもありましたが、自分の人生の大半の時間をそこで費やすと考えると、将来がネガティブなイメージで覆われていきました。たとえ、仕事を辞めて不安定なときを過ごすことになっても、憧れだったヒマラヤに行くべきではないか？　と自問自答しました。そして、最後に背中を押してくれたのがこの項の冒頭で紹介した「どう生きるか」というお釈迦さまの言葉でした。サトパントへ行くと決めてからは毎日が充実していました。結果的に四十五日間の休暇が認められ、一路インドへと旅立ったのです。

職場に戻ってからは会社の広報から連絡があり、ヒマラヤ登山の様子が社内報の一面にカラーで大きく報告され、社内でも一躍有名人になりました。残念ながら初めてのヒマラヤ登山は六五〇〇メートル地点で敗退となりましたが、それでも自己最高到達点記録です。当時二十三歳、社会人五年目のこの経験は、その後の人生に大きな影響を与える出来事となりました。

その後は会社への恩返しの意味もあり、自分なりに一生懸命頑張りましたが、またヒマラヤに行きたいという思いが募ってきました。しかし、そう何度も長期休暇を取るわけにもいかずに悶々としていました。

その当時、登山家の間で「引き算の美学」という言葉が使われていました。ヒマラヤに行くたびに会社を辞めて出かけるのですが、転職するたびに会社の規模や労働条件が悪くなっていく……。そんなことを揶揄して使われた言葉です。厳しいことはわかっていましたが、やはり山に行きたいという思いが募りました。

いろいろと考えた末に、一部上場企業の会社員から山岳ガイドへと転身することを決意します。インドヒマラヤに出かけた際に、それまでの社会人としての五年間よりも登山に出かけていた四十五日間の方が、はるかに自分のなかに大きなものを与えてくれたからです。実は、サトパントという山の名前には、偶然にも「真理への道」という意味がありました。

あの登山がお釈迦さまの言葉にあった真理への道を、身を持って体験させてくれたのです。そして三十四歳で、再びお釈迦さまの言葉に背中を押され山岳ガイドへと転身しました。お陰さまで、今も「超」が付くほど充実した日々を送っています。

高尾八十八大師と十善戒の道

私がよく通う山のひとつに、東京の高尾山という山があります。高尾山薬王院は、真言宗智山派の大本山で、弘法大師と深いつながりを持つ山です。その弘法大師が「諸戒は十善を手本とする」と言われた大切な教えのひとつが十善戒《じゅうぜんかい》です。その十の教えは以下の通りです。

①不殺生（ふせっしょう）＝殺さない
②不偸盗（ふちゅうとう）＝盗まない
③不邪淫（ふじゃいん）＝異性に対する邪（よこしま）な行為にふけらない
④不妄語（ふもうご）＝誤った言葉や悪意を持った言葉を使わない
⑤不綺語（ふきご）＝飾った言葉を使わない、へつらわない
⑥不悪口（ふあっく）＝人を傷つける言葉を使わない
⑦不両舌（ふりょうぜつ）＝二枚舌を使わない。誰に対しても真実を話す
⑧不慳貪（ふけんどん）＝貪らない。分かちあう

⑨不瞋恚（ふしんに）＝怒らない
⑩不邪見（ふじゃけん）＝邪な見方をしないで、本質を見る

どうですか、守れそうでしょうか。私も高野山で十善戒を授かりましたが、それを守り通す自信はありませんでした。これらすべてを常時守れる人は、きっと「あの人はまるで仏さまのような人だね」と言われるに違いありません。

不殺生にしても、山のなかで知らないうちに植物や生き物を傷つけているかもしれないし、雨の日には恨み言のひとつも出てきそうな気がします。歩くのが遅い仲間に文句のひとつも言いたくなったり、混雑した山小屋で不満が出ることもありますよね。

でもそのようなときは、この十善戒を思い出して気持ちを切り替えて下さい。自分は今、山の神仏に修行をさせていただいているんだ。そう思えば、少しは気持ちが落ち着いてきませんか。ネガティブな気持ちに支配されるよりは、「今、自分は憧れの山に来られている」と考えれば、プラスの気持ちに転化できるのではないでしょうか。

でも、そんなことを言っている私も、お大師さま（弘法大師空海）に十善戒を授かったにも関わらずそれを守れていません。それどころかすっかり忘れてしまっていました。ある日、高尾山に八

十八大師のお参りに行きました。なんと、この山に八十八のお大師さまがいらっしゃるのです。高尾山を歩いたことのある人は、この山のあちらこちらにいらっしゃる赤い前掛けをした、たくさんのお大師さまを見かけているはずです。でも、前掛けをしているのでお地蔵さまと思っている人が多いかもしれません。

さて、そんな八十八大師巡りの途中で、薬王院を目指す男坂、女坂を登りきったあたりに、仏舎利塔があります。その周囲につけられた十善戒の道というところを歩いてみました。その道には一定の区間ごとに小さな門が建てられていて、そこに前記した十善戒がひとつずつ刻まれています。それを目にするたびに、改めてひとつひとつの教えを思い出しました。やっぱりそれを守り続けることは難しいけれど、せめて山に登っているときや、お参りに行った日は、守ってみることにしようと思いを新たにしました。そんな信仰の山が身近にあり、お大師さまの教えがその都度蘇るのはとてもありがたいことです。

また四国遍路に行くのは難しくても、東京の人は身近にそんなお遍路体験ができる場所があるわけですから、活用しないのはもったいない話です。他の地域にも、調べてみたら八十八ヶ所巡りはけっこうあるんじゃないでしょうか。

たとえば、北海道八十八ヶ寺や、伊豆八十八ヶ寺、佐渡八十八ヶ寺。そして、九州の福岡にある

薬王院へ向かう道。高尾山は古くから人々の信仰を集めてきた

篠栗八十八ヶ寺。さらに東京と神奈川にまたがる御府内八十八ヶ寺や、私が大好きな小豆島八十八ヶ寺など。これは、行くしかないでしょう！

ちなみにお大師さまの教えの根本は「即身成仏」です。今、この身のまま仏になる。難しいことのように感じていましたが、十善戒の教えを守ることが、そのまま仏になることではないかと今は思えるようになりました。

山の神仏に力をいただくために、自らも仏に近い存在になり、山に入る。愛する山をいつまでも清らかで心地よい場所として残していくためにも、十善戒を時おり思い出すことが大切だと思っています。

『坊がつる讃歌』に想う、無我の境地

高校のワンダーフォーゲル部時代、社会人山岳会時代と、とにかく山の歌をよく歌いました。特に歌手の芹洋子さんが歌った『坊がつる讃歌』は名曲だと思います。もともとは現在の広島大学山岳部の歌を九州大学の学生たちが、九重連山に置き換えてできた歌だということですが、歌詞もメロディーも山男ならグッとくるものがあります。ここで取り上げたいのは、三番の歌詞です。

四面山なる坊がつる
夏はキャンプの火を囲み
夜空を仰ぐ山男
無我を悟るはこの時ぞ

思わず情景が浮かんできますね。ところで、この歌詞のなかに出てくる「無我を悟る」は仏教用語。当時の九州大学の学生さんに、どのような気持ちでこの詩を書いたのか聞いてみたくなります。

お釈迦さまの言葉に「すべては無我である」というものがあります。自分のものなど、何もないのだ。ということです。家や車などの財産、はては自分の命さえも、いつかは手放さなければなりません。結局自分の物や、思い通りになることはないのです。でも、それが理解できていれば、過剰な欲望や妄想から離れて幸せになれるという教えです。

それでは、前記の歌詞をもう一度見てみましょう。四方を山に囲まれた坊がつるで夏にキャンプの火を静かに見つめたり、夜空の星を何も考えずに、ただじっと眺めている瞬間は何の欲望や妄想に取りつかれることもなく、自然の中に溶け込んでいる自分がいるだけです。そんなときにこそ、無我の境地にいたれるのかもしれませんね。

くじゅう（九重／久住）はかつて、天台の山岳信仰の聖地でした。ゆえに温泉も湧く、すてきな山小屋の名前は「法華院温泉山荘」ですし、この歌のタイトルでもある坊がつるの「坊」もお坊さんのことを表わしているのでしょう。もともと信仰に根付いた土地だからこそ、九州大学の学生さんが作った歌詞のように「無我を悟る」という言葉が登場したのかもしれません。

お天気の日に山小屋に泊まることがあれば、ぜひ外に出て静かに夜空の星を眺めてみて下さい。その瞬間は、無我の境地を体験することができる、とても貴重な時間となるはずです。

夜空の星に合掌。

禅語に学ぶ、すてきな登山の実践方法

かの有名なスティーブ・ジョブス（アップル社の設立者の一人）が、禅を信仰しているという話が世界中に知れ渡ったこともあり、外国人が日本の仏教として最初にイメージするのは禅であるという話を聞きました。禅といえば座禅を思い浮かべる人がいるかもしれませんが、実は生活のすべてが禅の修行なのです。

私は特に登山こそが禅の修行であると思っています。一歩、一歩、足元を見つめながら登ること。雲がかかり、視界のない山頂であっても、憧れの山に登れたという感謝の思い。必要な物は持ち、不要な物は持たないで軽量化を図ることが快適で、安心な登山につながるザックの荷物。整理整頓しないと快適な一夜を過ごせないテント生活などなど。登山と禅の心は深く結びついているような気がしてなりません。

では、そんな禅の心とは何なのか。曹洞宗徳雄山建功寺の枡野住職は次のようにお話しされています。「物ごとにとらわれずに、今この一瞬を大切に生きること」「執着を手放し、日々満足して生きること」「余計な物をそぎ落とし、シンプルに生きること」。この項では、なじみのある禅語をもとに、そんな禅の心と登山について考えてみましょう。

主人公

「今度のテレビドラマの主人公はA君なんだね」などというような会話に使われますが、もともと、この言葉は禅語です。一般的には「物語の中心人物」という意味で使われますが、本来は「自分のなかにいる、もう一人の自分」のことをいいます。日常生活のなかの自分は、さまざまな役割を演じています。仕事に行けば、会社員としての自分。家庭では、父親や母親としての自分。でも、自分のなかにいるもう一人の自分である「主人公」は、何かを演じるのではないピュアな自分です。ではそんな主人公は、どうすれば現われてくれるのでしょうか？　それは山に登っているときのあなたを想像するとよいでしょう。なぜなら、そこには何も演じることのない、素の自分がいます。素のままの自分はとても純粋で強く、おおらかです。

たとえて言うなら、山上の静かな池のような心です。私がいつも思い出すのは、新穂高温泉から双六岳《すごろく》を目指す途中の鏡平にある鏡池です。槍ヶ岳をはじめとする周囲の山々がまるで絵画のように映し出されている。それが主人公の心です。言葉を換えれば、仏性といってもいいのかもしれません。

また、山へ行くと、おのずと主人公が活躍を始めます。急な登りが続いても、「もう一息だ、頑張れ」と自分を励まし、山頂からの風景に「わあ、きれいだな」と心躍らせ、おにぎりと一杯の水にも「うまい！」と心から感じることができ、登山が終わったあとには「大変だったけど、とてもよかった」と、満足感を得る。そんな登山の主役は間違いなくあなた自身であり、あなたが主人公として一日の山行を実践したのです。

主人公に日常生活でも活躍してもらうためには、あなたのなかの主人公に、常に声をかけてみること。朝起きて顔を洗ったら、鏡のなかの自分の顔を見つめて「主人公、おはよう。今日も一日、がんばって仕事に行くよ！」と声を掛けてみて下さい。きっと職場で会社員を演じるあなたを、あなたのなかの主人公が力強くサポートしてくれるはずですから。

挨拶

日常でよく使われる身近な言葉ですが、これもまた禅語です。「挨」は押す、「拶」は迫るという意味があり、禅僧が禅問答をしながら、互いの力関係を測る行為が「挨拶」なのです。

山ではすれ違う際に「こんちは」と声をかけます。元気な声で「こんにちは！」と返してくれる人もいれば、ややバテ気味なのか「こん…にち…は…」と言葉も切れ切れに挨拶を返してくれる人もいます。

また、登りの登山者に道を譲る際や、譲られた際にも「ありがとうございます」、「ゆっくり行って下さい」などと挨拶を交わしたりしますが、なかには道を譲っても、無言でサッサと行ってしまう人もいます。そんなときに心の小さい自分は「なんだ、あの人……」と思ったりもするのですが、そこで腹を立てたらせっかくの登山がつまらないものになってしまうでしょう。

そんなときは曹洞宗大本山、総持寺の元貫首を務められていた板橋興宗《いたはしこうしゅう》禅師の怒りを治める方法を実践しています。その方法とは「ありがとさん、ありがとさん、ありがとさん」と「ありがとさん」を三回繰り返して心のなかで唱えるというものです。これを実践すると不思議に怒りが消えるのです。みなさんも日常生活のなかで、怒りそうになったときには、ぜひ試してみて下さい。

さて、挨拶にはほかにも効能があります。山小屋などで朝起きた際に、リーダーは仲間の一人一人に「おはようございます」と声をかけてみて下さい。ここで元気に返事をしてくれた人は問題ありません。しかし「おはようございます」と押しても、迫るような返事がなかった場合は、少し気をつけて様子を見てあげましょう。声に張りがなかったり、弱々しい挨拶だったりしたときは、体調があまりよくないとか、疲れが残っている可能性があります。

このように挨拶には仲間の調子を測るという効果もあるのです。そしてなによりも、気持ちのよい一日を送るための禅の習慣でもあるのです。

以心伝心

言葉ではなく、心と心で伝わる思いのことを以心伝心といいます。ひと口に登山パーティといっても人数はさまざまです。三〜四人だったり、十数名だったり、あるいはツアー登山では二十名を超える大パーティも存在します。

なかには自由気ままな単独登山がいいという方もいると思いますが、私は仲間と登る山が大好きです。苦しいときに励まし合い、山頂に立ったときによろこびを分かち合い、街で酒を酌み交わしながら、あのときは本当に大変だったなと思い出を語り合う登山の仲間は、人生の大切な宝物。

しかし、そんなパーティ登山の真価が問われるのは、トラブルが発生したときです。仲間がバテた際に、少し休もうか？　前を歩いた方がいいんじゃない？　荷物を持とうか？　などと声をかけてあげるだけで、バテた人は安心するでしょう。当の本人にしてみれば、申し訳ないという思いがありますから、なかなか休みたいとは言えないかもしれません。そんなときに仲間が以心伝心で、声を掛けてあげると登山がパーティとして機能し、安全で楽しい登山になるのです。

しかし、ツアーなどで初めて顔を合わせる人の多い登山パーティでは、あの人のせいで下山が遅くなった、などという声を聞くことがあります。毎度、毎度では困りますけど、ときにそんなこともあるのが登山です。どうせ遅くなるなら、気持ちよく歩いた方がいい一日を過ごせるはず。

仲間意識の欠如には昨今のさまざまな社会システムが影響しています。たとえば個人情報。私が主宰する登山教室「歩きにすと倶楽部」では、登山のはじめに自己紹介という形で、名前と最近登った山を教えてもらいます。それだけで「私も槍ヶ岳に去年、登りました」などと、初めて顔を合わせた人同士でも会話が弾むものです。

ところが最近のツアー登山では個人情報の保護ということで、三日とか四日におよぶ縦走登山でも、一緒に歩いた人の名前すらわからないで下山したということもあるそうです。もちろん、仕方ない部分もあることは理解しています。

しかしそれならば、なおさらご一緒した人たちと以心伝心でコミュニケーションを円滑に測り、登山の喜びを共有できたなら、きっといつまでもよい思い出として胸に刻まれるでしょう。

単刀直入

ストレートに物事を伝えることを単刀直入といいます。伝えた方が本人のためだと思っても、なかなか言えないことってありますよね。登山の際にも、目的の山と参加希望者の力量が明らかに合わないということがあります。そんなときには、Aさんには無理ですよと、はっきりと伝えてあげることで、遭難事故を未然に防ぐことができます。しかし、優しいリーダーだとそれが告げられず、そのまま山に連れていってしまい、大きな事故につながってしまったり、事故にはならずともトラブルが起きて散々な登山になってしまうということが少なからずあるように思います。

単刀直入に伝えられれば、それが一番いいのかもしれませんが、難しい場合は、少し伝え方を変えてみてはいかがでしょうか？　たとえば「今すぐ劔岳に行くのではなく、まずは八ヶ岳の赤岳、それから槍ヶ岳や穂高に登ってから劔岳にチャレンジしてもらう方が、より安心して楽しく登れるはずですよ」という具合に。劔岳に登るのがダメだということではなく、その前にきちんとステップを踏んでいくことを伝えることが大切なのです。

最近はテレビゲームやコンピューターゲームのように、次々にステージを上げていくということが頭に刷り込まれているのか、すぐに難易度の高い山にステップを上げていく若い登山者もいますが、登山にとって大切なのは経験です。

かつて奥穂高岳の山小屋で、二十代の二人連れの女性とビールを飲んで山の話をしていたときのことです。「奥穂高の次に、登りたい山はどこですか？」と聞いたら、その二人の女性は「どこの山がいいですか？　私たち、どんな山があるのかよく知らないんです」という答えが返ってきたので、「それでは、ここに来る前に登った山はどこですか？」とたずねると、「高尾山！」という答えが返ってきました。これにはたまげました。

そして奥穂高を選んだ理由をさらに聞いてみると「有名だから」という話。思わず「うーん……」となるしかありませんでした。私の場合は、高校のワンダーフォーゲル部で奥多摩や丹沢などの千メートルクラスの山を毎月のように登り、それを経て夏には東北の朝日連峰や飯豊《いいで》連峰の縦走に出かけました。しかも、経験豊富な顧問の先生に同行してもらいました。

また、個人山行として高校二年生の夏休みに、南アルプスの白根三山（北岳〜間《あい》ノ岳〜農鳥《のうとり》岳）の縦走に行きたいと顧問に相談したところ、「今でも登れると思うけど、その前に鳳凰《ほうおう》三山を縦走してきたら」と言われ、その夏は鳳凰三山の縦走へ。そして高校三年生の夏に憧れの白根三山の縦走に出かけました。その際は台風並みの雨風に見舞われましたが、それまでに積んできた経験のおかげで、無事に予定のコースを歩ききることができました。

経験豊富なリーダーが同行してくれればまだしも、そういう人がいなくて自力での登山を実施している人は、低山歩き、中級山岳、そして三千メートル級の山へと徐々に登山のレベルを上げていくべきでしょう。

なぜならば登山は観光ではなく、大自然を相手にした非日常的な行為なのですから。そのことは単刀直入に伝えておきたいと思います。

達磨安心

達磨安心《だるまあんじん》とは、見えない不安に怯えることはない、という意味です。禅宗の祖として知られる達磨大師が、弟子から「不安を取り除いて下さい」と言われます。それに対して達磨大師は「それでは、不安を私の前に出して見せてみなさい」と答えます。しかし、弟子はそれを出すことができません。結局、不安というものは自分がつくり上げた妄想であることが大半です。一度不安を感じると、それはどんどんと大きくなります。

登山もまたしかり。できれば雪山登山にチャレンジしたいと思い、装備をそろえてはみたけれど、購入したジャケットで寒くないのだろうか？　雪崩は起きないだろうか？　アイゼンをスパッツに引っかけて滑落しないだろうか？　不安は尽きません。では、そんなときにはどうすればよいのでしょうか。

答えは、しっかりと準備すること。厳冬期の八ヶ岳・赤岳が目的なのだとすれば、まずはリスクの少ない雪山で、ピッケルの使い方やアイゼン歩行などの雪上技術を身につける必要があります。しかし、自己流では正しい技術が身につくかは疑問です。そんなときは山岳会に入り、雪山経験豊富な先輩から指導を受ける、登山用品店やガイドが主催する雪上技術講習会に参加するなどして、きちんとした技術を身につけましょう。そのうえで赤岳にチャレンジする前に、同じ八ヶ岳の天狗岳や硫黄岳などの初級の雪山を体験して下さい。

雪山では靴や装備が重くなるぶん、体力が必要ですし、低体温症や凍傷を防ぐための装備や工夫も重要です。また、登山道が雪で埋もれてしまうことも多いので、地図を読む技術も学んでおくことが大切です。

もしも、冬に挑もうとしている山にまだ登ったことがないのであれば、必ず雪のない時期に下見の登山をしておくべきです。最近は情報に頼りきりだったり、あるいは他の登山者について行けばいいやといった安易な発想で入山する登山者もいるようです。しかし、実際に自分の目で見て地形や山の様子を確認することは、事故を未然に防ぎ、目的の山に安心して登頂するためにとても重要なのです。それらひとつひとつのことを確実にこなしていくことで不安は少しずつ減少し、安心感が増してきます。

そして、不安を取り除くベストの方法は、初めての雪山は経験豊富なガイドやリーダーのもとに体験するということに尽きると思います。

喫茶去

喫茶去《きっさこ》とは「お茶をどうぞ」という意味です。仕事でもプライベートでも、出かけた先で「お茶でもどうぞ」と言われると気持ちが和みますよね。ツアー登山やカルチャーセンターなどの登山教室では、初めて顔を合わせる人も多いと思います。そんなときに保温ポットに入れたお茶やコーヒーなどを差し出して、「よかったら召し上がりませんか」と声をかけるだけで気持ちが近づきます。

お茶を日本に広めたのは、臨済宗の開祖といわれる栄西。宋からお茶の種子を持ち帰り、茶の木の栽培を広めました。ここで、健康にもよいといわれる緑茶の効能について紹介しましょう。

・カテキン…血中コレステロールの低下、体脂肪低下作用、がん予防、抗酸化作用など。

・カフェイン…覚醒作用（疲労感や眠気の除去）、持久力増加、二日酔い防止、利尿作用。

・テアニン…神経細胞保護作用、リラックス作用（α波増加）。

カフェインが多い飲み物としてコーヒーが知られていますが、緑茶にも多く含まれています。ただ、テアニンによってその作用が抑えられ、ほどよい覚醒作用となります。また、テアニンには血圧降下や記憶力、集中力を高める効果もあるそう。登山でも早朝の出発だったり、長時間行動を強いられることもありますね。休憩時にお茶を飲み、その効能を取り込んでみてはいかがでしょうか。

第四章　山岳宗教と密教

山岳修験道とは何か？

山の信仰を語るうえで、はずせないのが修験道の話です。この章では、山と関係が深い修験道について知識を深めていきましょう。

一般的には「日本古来の山岳信仰に外来の仏教や道教、さらに陰陽道や神道などが合わさって出来た信仰」ということになりますが、とても複雑でよくわからないという人が大半だと思います。まずは、そんな山岳修験道をわかりやすく紐解いていきます。

修験道とは簡単に言ってしまうと「大自然を教室に、自然からさまざまなことを学ぶ山の信仰」です。山を崇拝し、山中での厳しい修行により、悟りを得ようとする人々が修験道者であり、山伏です。

ここで大切なのは「自然は神が造ったものではなく、自然を神そのものと捉えている」ということです。いつも山に行くたびに思うのですが、山にあるものは、そのすべてが嘘偽りのない真実の世界です。かなたに聳える剱岳や立山連峰の山々、足元に咲く可憐なコマクサ、稜線に吹きすさぶ冷たい風も嘘のない真実の世界。街にあるような作り物や、社会に渦巻く嘘や偽りの世界とは、百

修験道者は悟りを得ようと、山中での厳しい修行に励む

八十度違います。ゆえに山で見聞きすること、すべてが新鮮で、感動的なのです。仏さまの世界は、いつでも私たちに真実を伝えてくれます。

また、登山に行くとつらいけれど気持ちがよいのは、きっとそのすべてが神仏の表われだからです。古来、日本仏教では「山川《さんせん》草木《そうもく》悉皆《しっかい》成仏《じょうぶつ》」という言葉があります。それは人だけではなく、山や川や草や木などすべてのものが仏になれるという教えです。仏になるための自然の振る舞いに心が表われるのです。

あなたが山で見、聞き、感じたもののすべてが大自然からの教えです。

つまり自然が経典であり、そこで得た感動に手を合わせる。私はそれが修験道ではないかと思っています。

修験道発祥の地・金峯山寺と役行者

奈良県の吉野山にある金峯山寺《きんぷせん》は修験道の本山で、山岳修験発祥の地といわれています。今から約千三百年前に修験道の開祖、役行者《えんのぎょうじゃ》によって開基されました。山名の金の峰というのは、かつてこの山の地下に黄金の鉱脈があると信じられていて、金峯山に登って黄金を得たという話が「宇治拾遺物語」などに残されているからなど、諸説あります。

さて、吉野山といえば桜が有名ですね。平安時代末期には歌人の西行が歌に詠み、江戸時代は松尾芭蕉も訪れるなど、日本で最も有名な桜の名所のひとつとなりました。

なぜ吉野山に、桜がこんなにも多いのかというと、役行者が蔵王権現を桜の木に刻んでお祀りしたことがはじまり。そのため桜がご神木となり、蔵王権現を信仰する多くの人々から桜の献木があり、今のような桜の名所になりました。

四月の初めから五月の初めにかけて、下千本、中千本、上千本と桜の花が山を駆け上がってゆきますが、その華やかさはまさに蔵王権現への信仰心の表われなのです。

役行者と蔵王権現

金峯山の修験道で最も大切な存在は蔵王権現です。では、その蔵王権現はどのようにして現われたのでしょうか？

それは、役行者が大峯の山上《さんじょう》ヶ岳という山で一千日にも及ぶ過酷な修行をされていたときのことでした。

災害や疫病などを退散させる末法（釈迦の入滅から千五百年を経ると、仏法の力が衰退し、乱れた世の中になるという思想）の世にふさわしい仏が現われることを念じたところ、釈迦如来が最初に現われ、次に千手観音、そして三番目に弥勒菩薩が現われました。それぞれに尊い仏なのですが、悪世（乱れた世の中）に人々を救うには適当でないと、役行者は思われました。世の中が安定しているときなら、やさしいお顔で説かれることも素直に聞き入れられるのでしょうが、乱れた世の中では厳しい態度で接しないと、聞く耳を持たないという人々が数多く現われます。

悪世を治める理想の神仏を求めて、役行者がさらに祈りを続けると、突然雷鳴が轟き、岩盤から湧出されたのが蔵王権現です。そのお姿は一面三目二臂《いちめんさんもくにひ》（顔がひとつ、眼が三つ、腕が二本）、青黒い憤怒の相で、頭に三鈷冠を頂き、左手は剣印（人差し指と中指を立てて剣のような形を作る）、右手は三鈷杵を持って頭上に上げ、左足は磐石を踏み、右足は空中を踏むという勇ましいものでした。

その顔は忿怒《ふんぬ》の形相をしています。怒りに満ちた恐ろしいお顔です。それは悪魔を降伏させるためのお姿。ここでいう悪魔とは、疫病や震災などの諸々の災厄、激しい欲望などの煩悩を指します。そして、その青いお姿は慈悲の心を表わしています。慈悲とは、いつくしみ、憐れむということですが、私は人々の苦しみを取り除き、心に寄り添う気持ちと理解しています。

次に右手に持つ三鈷杵は、かつてインドで武器として使われていたものです。魔を粉砕するために用います。左手で作る剣の印は、刀の役割を担います。不平や不満があるとき、思わずカッとなったりイライラしたときは、人差し指と中指を伸ばしながら重ねて、この印を結んで「エイ」と気合を入れながら、それらを断ち切るつもりで腕を振り下ろしてみて下さい。これで、山に行けないときの不平不満やイライラ、諸々の煩悩を断ち切ることができるはずです。

また盤石を踏みしめている左足は、地下にいる悪魔を押さえつけているさまを表わし、宙を蹴る右足は、天と地の間にいる悪魔を払う姿なのです。

ここまででおわかりの通り、蔵王権現のお力は、まず悪魔を退散させることにあります。でも、それだけではありません。その恐ろしいお姿の中にも「恕《じょ》」の心をお持ちなのです。「恕」と書いて「ゆるす」とも読みます。一般的にゆるすというと「許」という字を用います。許の場合は「差し支えないと認める」「願を聞き入れる」などの意味になります。一方の恕には「自分のことのように相手を思いやる」または「いつくしむ」などの意味があり、より相手に寄り添う思いを表わしています。蔵王権現はそんな優しい心もお持ちなのです。

では、次にその「蔵王権現」というお名前の意味を考えてみましょう。

正式なお名前は「金剛蔵王権現」といいます。絶対に壊れることがない、この世で最強のものということを意味しています。それはすなわち、不滅の真理を表わしているのです。

さらに「権現」という言葉ですが、これは「仏が仮に神の姿をかりて現われた」という意味。元のお姿のことは「本地《ほんじ》」といいますが、蔵王権現の場合は釈迦如来、十一面観音、弥勒菩薩が本地です。そして世の中の状況や、その場に相応しい人々の救済方法を考えたときに「蔵王権現」というお姿で、仮にこの世に現われるのが最善とお考えになったのです。

釈迦如来は過去、十一面観音は現在、そして弥勒菩薩は未来を表わしています。過去・現在・未来の三世に渡って私たちを救済して下さるということです。私たちは往々にして将来のことを考えて不安になることがありますが、蔵王権現はそんな未来の不安をも取り除いて下さるのです。

蔵王権現信仰の広がり

私たちが「蔵王」と書いて「ざおう」と読むことができるのは、山形・宮城県にある蔵王連峰からに違いありません。そう、勘のよい方ならもうおわかりですね。

実は、蔵王も古くからの山岳霊場なのですが、吉野から蔵王権現を勧請して「蔵王」という名前になりました。そのほかにも、日本百名山として知られる、山梨と長野の両県にまたがる金峰《きんぷ》山や、東京都青梅市の御岳《みたけ》山をはじめ、全国各地の金峰山や金峯山なども蔵王権現ゆかりの山と思われます。また「御嶽」といえば、かつては金峯山のことを表わしていたということを考えれば、蔵王信仰がいかに全国各地に広がっていたのかがよく理解できるでしょう。

そんな蔵王権現を登山中に感じることができたら、般若心経を唱えてお参りできればいいのですが、すぐには難しいですよね。ならばご真言を唱えましょう。金剛蔵王権現のご真言は「オン　バサラクシャ　アランジャ　ウン　ソワカ」です。これを三回繰り返します。それも難しい場合は「南無金剛蔵王権現」と三回唱えましょう。困ったことや心配事があったときなども上記のご真言を唱えれば、蔵王権現がきっとあなたのお力になって下さるはずです。

役行者はどんな人？

役行者、そのお名前は「役小角《えんのおづぬ》」といいます。すでにお話ししましたが、修験道の開祖で、富士山に初登頂したのも役行者といわれています。生まれは六三四（舒明天皇六）年の元旦。父は大角《おおづぬ》といい、大阪の葛城山の山の神を祀る一族であったようです。また、母が妊娠された際に、密教用具の金剛杵《こんごうしょ》が口の中に入る夢を見たとの言い伝えから、小角には「金杵麿《こんしょまろ》」という名前もあったようです。

小角は幼いころから土で仏像などを作って遊んでいたといわれ、十七歳で葛城山に入り修行を始めます。その後、修行の地を吉野大峰山系に移し、前項でも触れた通り三十八歳のときに蔵王権現を感得します。そのころの役小角はさまざまな霊力を身につけていました。

やがて絶大なる力を身につけた小角には多くの弟子が集まりましたが、突然、伊豆大島への島流しの刑を受けます。韓国連広足《からくにのむらじひろたり》という弟子が役行者の力を妬み、文武天皇に役行者が人々を惑わしていると、ありもしない嘘の報告をしたのです。役行者は、昼は伊豆でおとなしくしていたものの、夜には海の上を歩き、富士山で修行を重ねていたといいます。

そして島流しから二年を経た七〇一（大宝元）年に無実が判明し、帰国。そのまま大峰山に入り、同年六月七日に天に昇られたということです。生前のその行ないから、平安時代に「行者」の尊称が贈られ、千百年忌にあたる一七九九（寛政十一）年には、光格天皇より「神変大菩薩」という尊号を賜ります。人智では測ることのできない、神のような不思議なお力を持つという意味です。

ここで、そんな役行者の教えのなかでも、有名な遺訓を紹介します。「身の苦によって心乱さざれば証果《しょうか》おのずから至る」。体にどれだけの苦痛を感じても、心を乱すことがなければ、悟りを得ることができるのだ。重荷にあえぎつつ急登を登るときに、心したい言葉ですね。

さて、役行者は日本各地の山々に足跡を残しています、それも凄まじいスピードで。時代は天智天皇の晩年から天武天皇が政権を握っていたころの話です。役行者が37歳から45歳にかけて登った山々は、主なものだけで次の通りです。

東北では、本書にも登場する出羽三山と、日本海に映るシルエットが美しい鳥海山。関東では赤城山、筑波山、神奈川の大山《おおやま》。新潟の花の名山として人気の弥彦《やひこ》山。日本三大霊場にも数えられる富士山、立山、白山。南アルプスの白峰《しらね》山。中央アルプスの駒ヶ岳、御嶽山。今も白煙を噴き上げる長野の浅間山。ブナ林が美しい、伊豆の天城山。琵琶湖のほとりに聳える伊吹山。さらに四国の石鎚山に山陰の伯耆大山《ほうきだいせん》。そして、九州の英彦《ひこ》山、霧島山。

奈良県の吉野山が起点で、電車やバスなどはもちろんない時代ですから、いったいどれほどの距離を歩いたのかと考えると気が遠くなりそうです。なんという健脚ぶりでしょうか。

このような話をすると、本当に歩いたのかな？　と、疑問に思う人もいるかもしれませんね。しかし、そこには修験道者だけが歩くことのできる秘密のコースが存在していたようです。たしかに山裾をぐるっと巻くように歩くよりも、尾根や稜線をつないだ方が、遥かに距離が短くなる場所はたくさんあります。いずれにしても、役行者が飛びぬけた健脚であることは間違いないでしょう。

そして役行者亡きあとも、その流れを汲む山林修行者たちによって、日本各地の山々が開かれたであろうことは、想像に難くありません。たとえば、一九〇七（明治四十）年、剱岳に登頂した陸地測量部隊が山頂で目にしたものは、修験道者が持つ錫杖《しゃくじょう》の頭と鉄剣でした。そのことはすでに修験道者が剱岳を開山したことの証明でもあります。また、同じ北アルプスの岩峰である槍ヶ岳も、一八二八（文政十一）年、修行僧である播隆《ばんりゅう》上人によって開山されています。

要するに、日本の主な山々は修験道者たちによって開かれてきたのです。そう考えると日本で最初のアルピニストは、役行者だったといっても過言ではないかもしれません。そんな古の修験道者たちが開いた山道を彼らと同じように、この国がいつまでも平和であることを祈りながら歩くことができたなら、きっと今まで以上に山の神仏に対して感謝の念が湧いてくるのではないでしょうか。

役行者と前鬼、後鬼

役行者のお姿を拝見すると、髭をはやし、年老いた老人の姿で描かれていることが多いですね。右手に錫杖を、左手には巻物のようなものを持ち、足には高下駄をはいています。さらにその左右に前鬼《ぜんき》、後鬼《ごき》を従えている様子が伺えます。前鬼、後鬼は夫婦の鬼といわれています。夫婦の鬼は村に出没しては、人の子どもを食べていました。困った村人たちが役行者に助けを求めると、行者は鬼夫婦の子どもを隠すことで様子を伺いました。子どもがいなくなり慌てた鬼夫婦は、役行者に諭され罪を悔いて、行者の侍者となったと伝えられています。

やがて前鬼、後鬼の五人の子どもたちは大峰山中の前鬼山という場所に移り住み、修行者たちの世話をしました。今でも小仲坊には五鬼助《ごきじょ》という方がおられ、山伏の世話をしています。

また、前鬼、後鬼と五人の子どもたちはそれぞれ木火土金水の「陰陽五行」を表わしています。前鬼は陽（前に進む力）、後鬼は陰（退くこと）を意味します。役行者とともに祀られている前鬼と後鬼の姿を見かけたら、前に進む力と退く勇気を受け取って下さい。どちらも登山にとって、とても大切なことですから。

奥駈修行

金峯山寺の修験道で有名なのが、大峯奥駈《おくがけ》修行。吉野から熊野まで百七十キロにもおよぶ道を歩く修行です。役行者が辿った熊野から吉野へ向かう行程を「順峰《じゅんぶ》」、反対に吉野から熊野へいたる行程を「逆峰《ぎゃくぶ》」といいます。途中には七十五の靡《なびき》と呼ばれる神仏が現われる行場があり、その七十五カ所の行場を参拝しながら先へと進みます。

奥駈修行のテーマは「疑死再生《ぎしさいせい》」。私たちが暮らす娑婆《しゃば》世界から、神仏がいらっしゃる他界へと足を踏み入れ、新たな生命をいただいて娑婆世界へと戻るのです。一日十時間を超える歩行のなかには、身の危険を感じるような険しい岩場を攀じ登ったり、「西の覗き」と呼ばれる断崖絶壁で体を投げ出すようにして、神仏に娑婆世界での正しい生き方を誓ったりというような荒行が行なわれます。苦しい登りでは「懺悔、懺悔、六根清浄」と唱えながら身心を清めます。足にマメができ、爪がはがれても歩き続けます。吉野山を出発してから熊野本宮に到着するまで七日間。雨の日も風の日も歩き続けるのです。

しかし、修験道者のなかには「奥駈病」というほど、その魅力に取りつかれてしまう人もいます。

山のなかで、浄化された新たな心と体をいただき、娑婆世界に戻ってきたよろこびが「奥駈病」を生み出すのかもしれません。

登山は反骨心の表われ。それは、日常に立ち向かう勇気のことであると思っています。重い荷を背負い、急な坂道や険しい鎖場を越えて山頂に立ったとき、言葉にはできない清々しさや達成感を感じます。それは日常で感じていた違和感を払しょくして、明日への活力を与えてくれます。

修験道も登山も非日常の世界。非日常を体験し、聖なるものに触れる日を「ハレ」の日、終わらない日常を「ケ」といいます。日常を続けているうちにやがて気が衰え、病を引き起こします。そのことを「ケガレ」といいますが、それを防ぐためにも、登山はとても有効な手段です。山はまさにハレの舞台です。そのハレの舞台でケを払い、山の神仏から新たな力をいただいて日常（娑婆《しゃば》世界）へと戻ることで、明日からまた元気に日常に立ち向かうことができるのです。修験道に真剣に取り組んでいる人たちは、修験道と登山は違うといいます。それは覚悟を持って取り組むか、遊びではなく修行として山に入るかの違いなのだと思います。しかし、それらの要素を差し引いても、登山がハレの行為であることは間違いありません。私たちも「そこに山があるから」ではなく、「その山に神仏がいらっしゃるから」という気持ちで山に向かえば、登山として楽しみつつも山の神仏に一歩近づき、心を重ね合わせる瞬間を得ることができると思います。

願いが届くお参りの仕方（お寺編）

お寺と神社では、お参りの仕方が微妙に違います。まずは山内に入る前には脱帽が基本です。山門の手前で合掌一礼します。なぜならそこまでご本尊さまが出迎えに来てくれているからです。山内に入ったら手水舎で手と口を浄めます。清め方は神社での作法に準じます。そして本堂の前で、お線香とローソクを灯します。

お線香は仏さまに対するおもてなしで、ローソクを灯すことで仏さまの知恵を授かるといわれています。次にお賽銭を入れます。神社同様、投げ入れるのではなく、静かにそっと賽銭箱に入れるのが正しい方法です。次に神社の鈴に相当する鰐口をカーンと叩きます。そして心静かに手を合わせますが、そのときに右手をやや上にして手のひらを合わせましょう。右手が仏様で左手が自分。手を合わせることによって、仏さまと一体になるのです。その後に住所、氏名、願い事を告げます。願い事が終わったら、合掌したまま一礼し、「ありがとうございました」と声に出してお参りを終えます。

最後に山門を出るときにも、合掌一礼してのご挨拶を忘れないように気をつけましょう。ご本尊さまは帰りも山門まで見送りに来て下さっているのですから。

空海と山岳信仰

ここからは、修験道のなかでも大きな要素を占める密教などについて学んでいきましょう。そして、密教や山の信仰といえばやはり空海の存在がとても大きいので、ここではその空海の真言密教を中心に、山岳信仰の神髄に触れていきたいと思います。

空海は讃岐国多度郡（現在の香川県善通寺市）に位置する善通寺で生まれたとされています。幼名を真魚《まお》といいます。父の佐伯氏は讃岐の豪族で、母の阿刀《あとう》氏は学業を生業とする一族。特に母の弟にあたる叔父の大足《おおたり》は桓武天皇の皇子の家庭教師を務めたほどの人物で、空海はその叔父から儒教などを学んだとされています。

十八歳になると都に出て大学に入学しますが、その教えは個人の立身出世のためのもの。幼いころから仏になり人々を救いたいと思っていた空海は、教えに満足できず、大学を中退して山林修行に励むことになります。そして、奈良の金峯山《きんぷせん》に登り、雪や寒さに苦しんだり、四国・石鎚山の頂上で絶食に耐えるなど、厳しい修行を行ないました。

また、室戸岬の「御厨人窟《みくろど》」という洞窟で、虚空蔵求聞持法《こくぞうぐもんじほう》という修行法を行なっていたときに、明けの明星が口の中から体内に入ってくるという、強烈な神秘体験をしています。この虚空蔵求聞持法を唱えることで、どのような修法が身につくのかというと、なんとすべてのお経が頭の中に記憶されるといわれています。そのような修行を経たのちに、遣唐使として唐に渡るチャンスが巡ってきます。空海は中国における密教の最高権威である青龍寺の恵果阿闍梨《えかあじゃり》から、当時、仏教のなかでも最先端の教えである密教を学びます。

空海の天才ぶりは今さら言うまでもありませんが、本来二十年間の留学期間を予定していたものの、その才能からわずか二年間で真言密教の奥義を習得し、恵果阿闍梨からその後継者としての資格を得て日本に帰国。その後、四十二歳のときに四国八十八ヶ所霊場を開きました。さらにダムや橋を建設して人々の生活を支えたり、温泉の入浴方法や薬草の知識を与え、健康を司ったりなど広範囲に活躍します。

やがて、修行の道場として高野山を開き、桓武天皇から京都の東寺を賜ります。その東寺を真言密教の普及活動の場にあてました。空海入滅後にも、空海発案による立体曼荼羅《まんだら》（仏像により曼荼羅を表わしたもの）などを納めた堂塔伽藍が揃い、今日でも人気の寺院として隆盛を極めています。

晩年、京都から高野山に戻り、六十二歳で入滅されましたが、今も高野山奥の院で長い瞑想に入られたとされており、毎日二回の食事が弘法大師空海に捧げられています。

プチ修験道で密教を体験

真言密教を日本に広めた弘法大師空海の生涯と、虚空蔵求聞持法という密教の修行法の一端についてお話ししましたが、その密教とは何なのでしょうか？　密教とは秘密仏教の略で、師から弟子へと直接言葉によって伝えられるものです。さらに書物による学びよりも修行を重視する仏教です。よって、ここでは太田流プチ修験道の仕方を紹介します。いくつかの簡単な修行法を通して、密教を体感してみましょう。

虚空蔵求聞持法

虚空蔵求聞持法は、前項でお話したように、若いときの空海が行なっていた修行法です。虚空蔵菩薩とは、虚空（空中）から無限の知恵を取り出し、授けて下さるという仏さま。特に記憶力を与えて下さる仏として知られています。余談になりますが、生まれ歳によって守り本尊という仏さまが決まっています。虚空蔵菩薩は牛・寅の守り仏とされています。丑年・寅年の方は虚空蔵菩薩を目にしたら、合掌一礼して拝むとご利益が高いでしょう。

さて、虚空蔵求聞持法は虚空蔵菩薩のご真言を一日一万編、百日間唱えるという荒行です。虚空蔵菩薩の真言は「ノウボウ　アキャシャキャラバヤ　オン　アリキャ　マリボリ　ソワカ」。舌をかみそうですが、慣れてくれば上手に唱えられるようになります。何度も唱えてみましょう。

ちなみに太田流プチ修験道では、景色のよい山頂や展望のよい場所で、これを三回唱えることにしています。富士山が見えれば、それに向かって唱えれば最高ですけれど、山の中腹でも美しい自然の景観が望めるところなら十分。特に青い空や海が見えるということであればバッチリです。

なぜなら前述のように、空海は、室戸岬の御厨人窟という洞窟で虚空蔵求聞持法の修行をしていた際に、その洞窟から見える風景が空と海だけだったことから、空海と名乗るようになりました。ゆえに山中から空と海が見える場所があって、そこで虚空蔵菩薩のご真言が唱えられたとしたら、それこそ気分は空海ですよね。そんな風景を見ながら虚空蔵菩薩のご真言を三回唱えてみて下さい。続けることでいつか記憶力が増していることに気がつくはずです。

特に最近、物忘れがひどいという方は毎日唱えるとよいでしょう。しかし、毎日山に登るのは難しいでしょうから、緑の多い公園や池などが配置された庭園などが近くにあって、そこで唱えれば街中としてはベストです。また、高層階のオフィスビルで仕事をしている方なら、窓から雄大な景色を眺めながらご真言を唱えるのも効果的でしょう。

三密の修行法

三密とは身口意《しんくい》、体と口と心のことです。合掌する姿、真言を唱える口、仏さまを思い描く心のことをいいます。つまり仏さまの姿を心に描き、合掌しながら真言を唱えることが修行になるのです。たとえば健康に不安のある方なら、健康を願って薬師如来の姿を心に描きながら合掌し「オンコロコロ　センダリ　マトウギ　ソワカ」と三回唱えましょう。

以前に北アルプスの裏銀座コースを縦走していたときに、薬師岳がとても大きく、神々しく見えたことがありました。思わず手を合わせて薬師如来のご真言を三回唱えました。これもまた、太田流プチ修験道の実践のひとつです。

真言を唱えてみよう

では、その真言とはいったいなんなのでしょうか。読んで字のごとし、真の言葉です。真言宗は真言を唱えるので、真言宗と名が付いています。真言で重要なのは、その意味よりも言葉の響きです。

四国霊場会の先達経典によると、地蔵菩薩の真言「オン　カカカ　ビサンマエイ　ソワカ」の意訳は「一切の人々が歓喜する妙宝の雨を降らす地蔵菩薩に帰命する。成就あれよ」となります。また、観音菩薩の真言「オン　アロリキャ　ソワカ」の意訳は「仏さまよ、無染無着の泥中の蓮の花のごとく、悪世を救いたまえ」です。

しかし、その言葉の意味を考えながら唱えるのではなく、サンスクリット語の言葉の響きを大切にしながら、一心に唱えることで、頭ではなく心で、そのありがたみがわかってきます。それでは、合掌して心に仏を描きながら、早速真言を唱えてみて下さい。

ご朱印帳・納経帳

最近はご朱印ブームで、お参りもそこそこにご朱印をいただく人も増えているようですが、本来はきちんとお参りをした証にいただくものです。また、お寺では写経を納めた受領書としてお寺で納経をしました。まさに読んで字の如です。

ご朱印はその帳面のなかに、神さまの分身や、お寺のご本尊さまの分霊をいただくわけですから、大切に扱っていただきたいと思います。自宅では、箪笥や仏壇などにきちんと保管するように留意して下さい。

四国遍路にチャレンジ！

プチ修験道を紹介しましたが、四国遍路は密教をもっと本格的に体験するのに最適な修行です。たとえ八十八ヶ寺の一部であっても、札所をお参りしながら遍路道を歩くことで、空海が日本に広めた密教に対する理解がより深まると思います。

空海が開いた一番札所から八十八番札所を巡る四国遍路は、今も大勢の巡礼者たちでにぎわっていますが、実は日本を代表するロングトレイルルートとしても注目を浴びています。その距離は約千三百キロ。巡礼者の大半が団体でのバス遍路や車を利用しての巡拝ですが、歩きでのお遍路さんも最近はよく見かけるようになりました。それこそ、老若男女で、夏休みを利用した学生や、週末を利用して通うＯＬ、定年を迎えた団塊世代の夫婦などさまざまな人がお遍路をしています。

「お遍路とは、歩くことなり」ともいわれています。ただ、遍路道の大半が舗装路で、山道は少ないのが実情です。ゆえに山登りとは違った問題が発生します。舗装路歩きは足にマメができやすく、マメのケアに気を配らなければなりません。靴は軽めのトレッキングシューズかウォーキングシューズがベター。ある程度履き慣らしたものにしましょう。

そんな四国遍路のなかでも、特に体験していただきたいのが三大禅定《ぜんじょう》です。禅定とは修行のことで、巡礼のなかでも修行にふさわしい場所ということになります。

ひとつ目は、四十五番岩谷寺。ここには迫割《せりわり》禅定という行場があります。その行場に足を踏み入れるには、受付で迫割禅定をしたいと申し出て鍵を受け取ります。本堂の裏手に回り鍵を開けて扉を開いたら、岩の狭い割れ目のなかの急登を、ロープを頼りによじ登ります。その先には鎖場、さらにハシゴ場と続き、山頂へといたります。

ふたつ目は、七十三番出釈迦《しゅっしゃか》寺の裏手に聳える、我拝師《がはいし》山の山頂に近い断崖絶壁を目指す、捨《しゃ》身《しん》ヶ嶽《たけ》禅定です。弘法大師がまだ幼なく、真魚さまと呼ばれていたころ、仏門に入って人々を救いたいと願った真魚さまは「もしもその願いがかなうなら釈迦如来よ、姿を現わして下さい」と言って、その崖から飛び降ります。すると釈迦如来とともに天女が現われ、その天女が真魚さまを抱きとめたという伝説のある場所です。七十三番出釈迦寺から舗装された道を登り、奥の院へ。さらにその奥の院の裏手から続く岩場をよじ登れば、真魚さまが飛び降りた場所へと辿り着き、合掌一礼して「南無大師遍照金剛」と唱えると捨身ヶ嶽禅定の完成です。

そして三つ目は、番外霊場三番慈眼寺の穴禅定です。四国遍路は八十八ヶ寺の他に別格二十ヶ寺というのがあって、八十八＋二十＝百八となり、百八の煩悩を滅することができるのです。では、穴禅定とはどのようなものなのでしょうか。この禅定を体験してもらうには、必ず穴禅定の専門の先達の同行が必要なので、事前に予約をしておきましょう。

慈眼寺に着いたら、まずは狭い洞窟内を潜り抜けることができるかを二本の石柱でチェックします。その柱の間を通り抜けられれば体験可能。通り抜けることができなければ、その場でチャレンジは不可となります。

無事に体験が可能となったら、先達と共に空海が法力で悪龍を封じ込めたという洞窟のなかへ。真っ暗な洞窟内を、ローソクの明かりを頼りに、先達の指示に従って進んで行きます。地面に這いつくばって進んだり、横を向いて右向きになったり、左向きになったり、私のようにギリギリで挑戦権を得た者には、本当に抜けられるの？　という不安がよぎるような場所です。

そして無事に通過すると、突然小広い場所に出ます。そこで般若心経を唱えて、祈願をします。その後、帰りも狭い洞窟のなかの道を戻るので、できることならずっと、この広い場所に留まりたいと思ってしまいます。穴禅定はたぶん多くの人が、三大禅定のなかで最も強い印象を残す場所だと思います。

この三つの禅定を体験するだけでも、真言密教の奥義を感じることができるのではないでしょうか。

高野山で空海の存在を感じる

高野山が開創されて千二百年が経つ今も、この山では弘法大師空海の存在を肌で感じることができます。私も、高野山詣では十回を超えました。ある年の年末、どうしてもお大師さま（空海）に聞きたいことがあり、高野山を訪れました。その日は小雨が降ったり、晴れ間が出たりと不安定な天気でした。九度《くど》山という土地にある、女人高野と呼ばれる慈尊院から町石道という参道を高野山大門へと歩きながら、お大師さまにいろいろな質問を投げかけました。お大師さまが近くにいて一緒に大門への道を歩いて下さっているような気配がしたからです。

そして質問をするたびに、天気で回答を示して下さいました。「ＹＥＳ」なら陽が差し、「ＮＯ」なら小雨が降りました。質問があったといっても、おおむね自分のなかでは答えのようなものがありました。ただ、それでいい、ダメというように背中を押してくれる回答が欲しかったのです。

やがて大門に着いたときには、確認したかった内容に対する回答をすべていただくことができました。コースタイム約六時間の道のりを四時間弱で歩き、気分は爽快。そして大門まで辿り着いたときにはきれいな青空が広がっていました。このような話をすると、たまたまそう思えただけだろうという人もいると思いますが、私の場合は高野山に限らず、山を歩いている最中に神仏の気配を感じることがあります。それを偶然だとか錯覚だとか言われるのはいっこうにかまわないんです。ただ山でそんな気配を感じられる瞬間がとても心地いい。吹く風に神を感じたり、優しい土の感触に土地を司るお地蔵さまの気配がしたり……。やっぱり山はいいですね。

さて、大門に到着したのち、その日は高野山の宿坊で一泊。翌日は小雪が舞うなか、女人道から高野三山を歩きました。本書を読んで下さっている山好きの方には、ほどよいトレッキングコースです。この道はかつて女人禁制だったころに、女人たちがどうしてもお大師さまに会いたいと辿った道です。まるで蓮の花びらをかたどったような稜線は、奥の院でお大師さまが瞑想をなさっているご廟の裏を山の上から見下ろすことができます。そこで一心に祈ったのでしょうね。

女人禁制というと、なかには気分を害する女性もいますが、弘法大師が高野山を女人禁制にしたのは、修行が上の空になることを危惧したからです。ずっと男ばかりで修行に明け暮れていたところに、きれいな女性が現われたら、修行どころではなくなってしまいますから。もっとも今は女性も奥の院へ入れますから、心ゆくまで参拝して下さい。でも、本当に年末の高野山は寒かったです。なにせ、普通は仏教ではお酒はご法度なのですが、冬の高野山の厳しい寒さを知るお大師さまは、一献の酒とひとつまみの塩を修行僧たちに許したといわれています。もしもあなたが高野三山を歩きたいと思ったら、やはり春の新緑の季節か、秋の紅葉の時期をおすすめします。

そんなこんなで小雪舞う高野三山から、無事に下山してバス停に向かうと、お杖を二本抱えた作家で僧侶のS子さんがやって来ました。なぜ二本もお杖を抱えているのか不思議だったので、その理由を尋ねてみると、「お四国を二巡したので、そのときに使った二本のお杖を持ってお大師さまにお礼参りに来たんです」と答えてくれました。八十八番で奉納してこなかったのですか？ と尋ねると、「大切なお大師さまのご分身と別れるなんて寂しくてできない」と話してくれました。さらに「私が旅立つときに棺に一緒に入れてもらうんです」ともお話ししていました。

ここまで読んでいただくと、信仰というものがどのようなものなのか、なんとなくわかっていただけるのではないかと思います。弘法大師に対する信仰と同じように、山が好きで日本各地の山に登るという行為もまさに山岳巡礼で、山への信仰のひとつの表われなのではないでしょうか。

この項の最後に空海が目指していた「即身成仏」についてお話ししておきます。亡くなってからではなく、今生でこの身のまま仏になるのが即身成仏です。私たち人間にはもともと仏性があり、仏の慈悲の力を受け取り、それを身に浸み込ませることにより、即身成仏ができるといわれます。損得を考えずに行動すること、汗をかきながらひたすら歩くこと、信じること。それがもしかしたら、即身成仏へのひとつの道程なのかもしれません。

知っておきたいお寺に関するミニ知識

・定規筋《じょうきすじ》　お寺の塀に引かれている線。デザインと思われがちですが、皇室ゆかりのお寺の格を表わし、三本、四本、五本と増えるごとに格が高くなります。

・仁王さま　山門の両脇で睨みを利かせて、参拝者を迎えて下さっているのが、仁王さま。大きく口を開けている方が阿形《あぎょう》、口を閉じている方が吽形《うんぎょう》。阿はものごとの始まりをつかさどり、吽はものごとの終わりをつかさどります。初めから終わりまで、すべてお見通しなので、嘘や偽りなく素直な気持ちでお参りをしなさいという意味が込められています。

・三門《さんもん》　一般的には山門ですが、禅寺では、山門ではなく三門と表記されることがあります。三門とは三解脱門で、その門を潜ることにより、「怒り」「貪り」「無知」という三つの事柄が取り除かれるといわれています。

・梵鐘《ぼんしょう》　お寺の鐘のこと。鐘は時報として、その土地の人々に時を告げるために重宝されていました。梵鐘の「梵」という字はサンスクリット語で「清らかな」「神聖な」という意味を表わします。除夜の鐘の音色には煩悩を祓う力が込められています。

第五章

山で神仏を感じる

北海道の山々で、カムイを感じる

北海道の山々は、本州の山に比べてスケールが大きく、独特の雰囲気を醸し出しています。雄大な山容や手つかずの森林を歩き、動物たちを目にするたびに、そこに神さまの存在を感じることが多々あります。そう、北海道の山々はまさにカムイ（神）の住まう場所なのです。

北海道、サハリン、千島列島などに先住していたアイヌの人々の間では、動物、植物、山、川、雷などの自然は、すべて神であると考えていました。北海道の山々を歩くとたくさんのカムイを感じられる、それは私たち登山者にとってもとても幸福なことなのです。

ここでは、北海道を代表する幌尻岳《ぽろしり》と大雪山《たいせつ》を歩きながらカムイの話をしていくことにましょう。

幌尻岳

アイヌ語で、ポロは大きい、シリは山を意味します。幌尻岳はその大きい山という名の通り、北海道の背骨と呼ばれる日高山脈の最高峰です。そんな幌尻岳は、アイヌの人々にとってとても大切で畏怖すべき存在の山なので、簡単に登ってはいけない山だったのです。幌尻岳に登ることで起こる、山の神の祟りが恐ろしかったからです。そのために、もしも幌尻岳に登るときは、山の神にお米やお酒をお供えしながら登ったといわれています。

アイヌの人々にとって、それほど大切な山を、現代の登山者である私たちはちょっと軽く見ているところがあるのではないか？ もう少し山の神をリスペクトしながら登るべきではないのか？と私は思っています。登山口では、心のなかで山の神に対して「登らせていただきます。よろしくお願いします」という気持ちを告げ、山頂では頂に立たせていただいたことに感謝する。それは決して制覇したということではなく、お陰で登らせていただきましたという気持ちを持つことで、カムイと心がつながるのではないのかと思うのです。

カムイと気持ちがつながるということは、そこで生きている植物や動物、土や風、風景と心が通い合うということです。そんな幌尻岳に登るには、額平《ぬかびら》川からアプローチするのが一般的です。林道をしばらく歩き、やがて沢を何度も渡り返しながらの登山となります。水量が膝くらいまでなら心配いりませんが、それ以上の場合は流されないように慎重を期す必要があります。

幌尻山荘が見えてくれば、沢歩きも終了です。小屋での一夜を過ごしたら、翌日はいよいよ山頂を目指します。エゾマツやトドマツに見守られながら急斜面を登れば、やがて見晴らしのよい尾根となります。その先は命の水と呼ばれる水場を過ぎ、北カールを眺めながら歩けば、待望の山頂です。途中にあった命の水も、この山頂から眺める日高山脈の山々の風景も、すべてカムイからの贈り物です。

伝説によれば、この山の頂には沼があり、トドやアザラシが暮らしていたそうです。さらにワカメも生えていたといわれ、そのワカメは時おり札内川を流れてきたといわれています。いったいなぜ、山頂にトドやアザラシがいたのでしょうか？　それには次のようなわけがありました。それは昔、海の神であるレプンカムイ（鯱）がカンナカムイ（竜神・雷神）に反抗したことがあったのですが、カンナカムイに負けてしまい、その償いとして海の魚や海藻などをカンナカムイに献上したといわれています。

また、この山には白い熊がいて、その姿を見た者はその瞬間に突風で吹き飛ばされるといわれています。しかし、飛ばされても絶対にケガはしないそうです。なぜなら、人間の血で山が穢れるのを神が嫌うから。そんなアイヌの伝説が数多くこの山に残されているのも、幌尻岳がそれだけアイヌの人々から畏怖されていたことの証なのではないかと思うのです。

しかし、理由はもうひとつありました。幌尻岳の山頂から戸蔦別《とったべつ》岳に向かう途中に七ツ沼カールがあります。豊富な積雪が作り出す雪渓が、その水源となっていて新冠《にいかっぷ》川に注いで山麓へと続いて

幌尻岳と七ツ沼カール

います。そう、この場所はカムイがアイヌに与えて下さった大切な水源なのです。その水源を守るために、アイヌの伝説がこの地にむやみやたらに人々を寄せつけない役割を担っていたのです。もちろん、現代の私たち登山者も、そんな幌尻岳の自然を守るための努力をしながら、山に登らせていただくように心掛けるべきでしょう。

この山に登山に来た人たちが、いつまでも幌尻岳のカムイに出会うことができるように……。

大雪山

北海道の屋根として知られるこの山は、アイヌの人々からカムイミンタラと呼ばれ、信仰されてきました。その意味は「神々の遊ぶ庭」。そしてその庭の主は、なんといっても山の神の代表格であるキンムカムイ（ヒグマ）です。このエリアには七平方キロのなかに、五頭はいるといわれるほど、数多くのキンムカムイが庭を闊歩しているのです。

ヒグマはアイヌの人たちにとっても貴重な生き物でした。肉は食用、毛皮は暖かい衣類、胆のうは貴重な薬となりました。それらは自分たちの生活のほか、交易品としても使われていました。

キンムカムイと呼ばれる格の高い神ですから、きちんと送り儀礼も営まれていました。肉体は神からの贈り物として大切に受け取りますが、その霊は神の国に送り届けなければなりません。そのように狩りで仕留めた動物の霊を送ることを、ポプニレといいます。

また、育てた子熊の霊を盛大な宴で神の国に送り返す儀式のことをイオマンテといいます。冬に穴熊猟で雌熊を捕獲した際に、その子熊が取り残されてしまうことがあります。その子熊を神として大切に育て、一〜二年後にカムイの国に霊送りをするのです。なぜならその子熊は親熊の神が人間に自分の子どもを託したと考えられていたからです。そして子熊にはたくさんのお土産を持たせます。親熊のもとへ帰った子熊がほかの神々にお土産を渡し、そのことで人間界の楽しさを知った神々が、やがて人間界へ遊びに行くこととなり、アイヌの人々に恩恵をもたらすとされていたのです。

さて、そんな大雪山はとてもエリアが広いのですが、今回はそのなかの最高峰、旭岳を紹介しましょう。大雪山旭岳ロープウェイの山上駅となる、姿見駅から緩やかに登れば、観光客も多く訪れる姿見の池があります。やがて噴煙が噴き出す地獄谷を横目で見ながら、ひたすら登ること二時間半程度で、二二九〇メートルの山頂に立つことができます。

登ってきた道を振り返ると、はるか彼方まで裾野が広がり、北海道らしい雄大な眺めが満喫できます。そして北東に黒岳方面を望めば、まさに神々の庭に相応しい風景を望めるでしょう。私が行ったときはこの目で確認することはできませんでしたが、目の前に広がる神の庭には、きっと数多くのキンムカムイたちが遊んでいるに違いありません。

かつて山の上にいる熊のことをヌプリパロコロクル、山の中腹にいる熊はヌプリノシキコロクルと呼ばれていました。それぞれ、山の上を守る神、山の中腹を守る神という意味です。いずれにしても熊は山の守り神であったわけです。これからも登山者とうまく共存して、いつまでも山を守ってほしいと願っています。

さて、ここで山や森のなかで出会うそのほかのカムイたちを紹介しましょう。

・タンチョウ

北海道を代表する鳥といえば、やはり鶴、タンチョウです。アイヌではサロルンカムイと呼ばれ、位の高い神とされています。大空を自由に飛び回るその優美な姿に、神を感じたのでしょうか。

・シマフクロウ

コタンコロカムイと呼ばれ、北海道各地で村を守る神となっています。この鳥は熊を監視していて、熊から人間を守るとされ、猟をしに来た人には熊の居場所を教えると伝えられています。

・キタキツネ

ネマコシネカムイ。脚の軽い神として、肉は食用、毛皮は衣服、頭骨はお守りとして使われたそうです。

・蕗《ふき》

アイヌ語でコルコニと呼ばれる蕗は、その茎を刻んで汁物に入れて食べたり、葉は猟などで使う仮小屋の材料として使用しました。アイヌの物語にコロポックルの話がありますが、その意味は「蕗の葉の下にいる人」という意味で、アイヌに伝わる小人族の名前です。コロポックルはアイヌより前から北海道に住んでいた人々とされています。アイヌの人と物々交換をして交易をする際にも、相手との接触を避け、夜に物を窓から出し入れし、決して姿を見せなかったそうです。

・ヨモギ

アイヌ語ではノヤと呼ばれます。アイヌでは、この世に最初に生えた草といわれ、とても強い霊力を持つとされています。食用のほかに、魔除けとしても用いられました。また、病人が出たときには、ヨモギとササを束にしたもので病人の体を軽く叩くようにしながら払うと、病の原因とされる神を取り除くことができるとされていました。

・カシワ

アイヌ語ではコムニと呼ばれ、このカシワの木の名前をコムニシリカムイといいます。土地を守る神とされ、この神を祭壇に祀る家もありました。

北海道に行ってこれらの動物や植物に出会ったら、そこにカムイがいると思って大切に見守ってあげて下さい。私も改めて自然と共存することの大切さを、アイヌの人々から学ぶことができて感謝しています。

イヤイライケレ（ありがとう）！

神仏の魂が宿る植物

山には多くの植物が生育しており、それらのひとつひとつにも神や仏が宿っているといわれます。前項では北海道のカムイを紹介しましたが、ここでは神仏が宿る植物についてお話ししましょう。

仏教三大聖樹（無憂樹《むゆうじゅ》・菩提樹《ぼだいじゅ》・沙羅《しゃら》）

お釈迦さまの生涯に大きく関わった三つの樹木を、仏教三大聖樹と呼んでいます。どのようにしてこの三つの樹木がお釈迦さまに関わったのでしょう。

まず無憂樹は、お釈迦さまが生まれたところにあったといわれています。お釈迦さまの聖母である摩耶夫人《まやぶにん》が何事の心配もなく（憂いなく）出産したことから、憂いのない木、無憂樹と名付けられました。菩提樹は、この木の下でお釈迦さまが悟りを開いたといわれています。また、沙羅はお釈迦さまが入滅（亡くなること）されたとき、この木の間に伏せられました。四辺にあったことから沙羅双樹と呼ばれました。

日本に仏教が伝来して、お寺でもお釈迦さまに関係する三大聖樹を植えることを望みました。仏教の教えを説く際に、これらの樹木が実際にあったほうが、教えが説きやすいと考えたわけです。

しかしながら、これらの樹木は暑いインドの植物なので、日本の気候では育ちません。そこで代替えの樹木を探したようです。無憂樹はサルスベリなど、菩提樹はシナノキ科のボダイジュ（三大聖樹の菩提樹はクワ科のボダイジュ）を、沙羅はナツツバキやハクウンボクなどです。

お釈迦さまの一生を描いた絵画を見る機会がありましたら、お誕生のときの「無憂樹」、悟りを開かれたときの「菩提樹」、入滅されるときの「沙羅」を確認してみて下さい。

サルスベリやナツツバキなどは、山を歩いていてもよく目にすることがありますので、それらの木々を見つけた際に心のなかで手を合わせていただくと、お釈迦さまも喜んで下さると思います。

ボダイジュ

シキミ

シキミはよくお寺に植えられています。山歩きをしていてもよく見かける植物です。特に冬の間も緑の葉が目立ちます。昔の人は、ほかの植物が枯れてしまう冬でも、この緑色の葉を持つことに不思議な強い力があると考えたようです。

昔は花屋さんなどないので、今のようにお墓に簡単にきれいなお花を供えることができませんでした。まして冬は、花が手に入りません。そこで、冬でも美しい緑の葉を展開するシキミなどが供えられたのではないでしょうか。

名称の語源についてはいろいろとありますが、毒を持つために「悪しき実」（あしきみ→しきみ）などの説があります。仏教の世界で咲く、青蓮華《しょうれんげ》に似ているといわれ、仏前に供えられたそうです。シキミは漢字では「樒」と書きます。なにかこの字を見ただけでも、密教との関係を想像させられます。

お寺に植えられた理由はほかにもあります。前述のようにシキミは毒を持っています。昔は人が亡くなると土葬でしたので、お墓を動物に荒らされないように、毒を持つシキミを植えて守ったようです。もしも低山歩きに出かけた際にシキミの葉が落ちていたら、それを拾ってその葉を千切ってみて下さい。微かに柑橘系の匂いがすると思います。その匂いは私たち人間には心地よい香りなのですが、おそらく虫たちにとっては好ましくない匂いなのでしょう。シキミが「あれっ、虫に葉っぱを齧られているぞ」と感じた際に、その虫を撃退するために放つ匂いなのです。そう考えると、たしかに植物にも魂がこもっていると感じられますよね。

サカキ・ヒサカキ

神社でよく見かけますが、山歩きをしていても比較的よく見ることができます。サカキは沖縄から関東にかけて、ヒサカキは沖縄から本州に分布しています。どちらも、シキミと同様、冬の間も緑色の葉を展開します。関東ではどちらかというと、ヒサカキの方が身近で、関東の花屋さんでは、サカキと表示されてヒサカキが売られていることもあります。また、中部・北陸などの寒い地方では、モチノキ科のソヨゴが用いられます。

シキミ

サカキ

ヒサカキ

サカキの語源は、「境木」などがありますが、これは神さまと人間の境にある木という意味からきています。ヒサカキはサカキよりやや小さめなので、姫のサカキ「姫《ひ》サカキ」と呼ばれるようになったという説があります。ちなみにサカキの葉は全縁（鋸歯状の切れ込みがない）で、ヒサカキの葉は鋸歯があります。

サカキ、ヒサカキをよく見ると、枝先の頂芽が弓状に湾曲して尖っています。こうした尖ったものの先に神さまが降りやすいと信じられていることも、この木が好まれた理由でしょう。見た目は特徴のない目立たない木ですが、神さまと人間をつなぐ大切な役割を担ってきたのです。あなたも低山で、冬にも関わらず青々とした緑の葉を見つけたら、ぜひ、手に取ってその旺盛な生命力を自分の体に取り込んでみて下さい。今後、ますます、山登りに行きたくなるに違いありません。

ムクロジ

主に本州の中部以西、四国、九州、沖縄などに分布します。お寺に植えられることも多い木です。ムクロジは漢字で書くと「無患子」。子どもが患わない（病気しない）という意味です。ムクロジの種は、羽根突きの羽に付ける黒い玉に使われました。この羽が悪い病気を運ぶ蚊などを食べてくれるトンボに似ているので、羽根突きが無病息災のおまじないのようなものとなったようです。

ファミリーハイキングで、このムクロジを見つけたら、お子さんと一緒に手を合わせて、無病息災をお願いしておけば安心ですし、子どもたちにも自然を敬うという気持ちが培われていくのではないかと思います。

ヒイラギ

ムクロジ

ヒイラギ

ヒイラギは葉に鋭いトゲがあり、それに触れるとヒリヒリと痛むので「疼《ひひら》く」が名前の由来です。昔から、邪鬼の侵入を防ぐとして庭木に用いられました。北東の方角は、邪鬼が出入りするとして万事に忌み嫌われました。そこで邪鬼が入ってこられないように、トゲのあるヒイラギを植えたわけです。

なお、鬼門と反対の方角、南西は鬼門とともに忌む裏鬼門となります。裏鬼門にはナンテンなどを植えます。これはナンテンを「難を転じる」にかけているようです。昔の人はしゃれていますね。

ヒイラギはチクチクとしたトゲばかりが思い浮かびますが、歳をとってくるとトゲがなくなります。人間と同様に円熟期を迎えるとトゲがなくなり、丸くなってくるのでしょうか。実際には歳をとって木が大きくなると、ほかの動物に食べられる心配がなくなるのでトゲは不要となるようです。私も東京の高尾山で、ヒイラギの丸い葉を見たときは、思わず「へえ」と唸ってしまいました。それからはガイドの仕事で自然解説をするときのネタとしていつも使っていますが、いつも参加者の方たちから「へえ」という声を耳にするトリビアネタです。でも、それもまた山の神仏の教えが込められているようで、とても興味深い自然の仕組みですね。

コウヤマキ

ご存じの方も多いと思いますが、悠仁親王殿下のお印はコウヤマキです。私の個人的な好みではありますが、「美しく、風格のある木」というのがコウヤマキの印象です。きれいな花を咲かせることもなく、地味な樹木ですが、美しい木です。

高野山を中心に仏に供える植物として用いられています。コウヤマキ（高野槇）という名前も高野山からきているようです。高野山は私が大好きな山のひとつで、四国の八十八ヶ寺参りのあとに弘法大師にお礼をするためによく立ち寄ります。低山歩きコースとしてもなかなか魅力的で、特に高野山三山をはじめとする女人道と呼ばれるコースがおすすめ。そのコースでもコウヤマキはよく見かけます。また、シキミ、サカキ、ヒサカキなどと同様に、美しい花が簡単には手に入らなかった時代に、春夏秋冬、緑の葉を展開する植物に神秘的な力強さを感じたのではないでしょうか。このしっとりとした神秘的な緑色の葉が、「美しく、風格のある木」と感じる理由のようです。

コウヤマキ

コウヤマキの分布は、福島から南、九州までの山地といわれていますが、関東にはお寺、神社、植物園で植栽されたものを除き、あまり見ることはできません。

高野山では、古くからこのコウヤマキ、スギ、ヒノキ、モミ、ツガ、アカマツを高野六木として、むやみに伐採することを禁じました。特別な扱いを受けていたわけですね。なお、高野六木は針葉樹ばかりですが、その理由は、針葉樹がその形態から古くから建築材に使われ、利用価値が高かったからといわれています。ぜひ、「美しい風格の樹」を見て神仏を感じて下さい。

現在・過去・未来を歩く出羽三山

過去を振り返ることで、現在の自分に至った経緯を確認し、未来にどのような自分になっていることを望むのか。そんなことを思いながら歩きたい山。それが出羽三山です。

日本百名山としても知られる月山は、羽黒山、湯殿山と合わせて出羽三山と呼ばれています。東北を代表する一大山岳霊場です。羽黒山は現在、月山は過去、湯殿山は未来を表わしています。羽黒山からスタートして、月山で死とよみがえりの修行をし、湯殿山で再生するというのが一連の修行の流れとなっています。

このあたりを出羽と呼ぶようになったのは、『風土記』によると、朝廷に鳥の羽毛を献上したことから。私も何度か足を運んでいますが、かつては、信仰の山というよりも、花の美しい山として訪れていました。ハクサンイチゲ、ハクサンフウロ、コバイケイソウなどの花々や、初夏でも残る豊富な残雪が印象的な山です。しかし、四十二歳で先達を始めてからは、信仰の山として意識するようになりました。

ではさっそく、羽黒山から詣でることにしましょう。参道の入口にある、立派な随神門を潜ります。神社では建物に朱色が使われることが多いのですが、それは朱色には魔を除ける力があるからといわれています。朱色の随神門を過ぎると、その後はわずかな下りで祓川《はらいがわ》へ。かつて三山詣でをする人が水垢離を行なった場所です。さらに進むと、樹齢千年以上といわれる「翁杉」が現われます。

この翁杉のような樹齢の長い木や、変わった形の木々には山の神が宿るとされていて、木こりたちもそれらの木々を切るのには躊躇したようです。また、山の神はほぼ全国に渡って女神であると信じられているところが多く、マタギなどの間では、祈願の際に石や木で作った男根を供えれば、願いがかなうと伝えられているようです。

さて、先に進みましょう。りっぱな杉木立の間に突如として現われるのが羽黒山五重の塔です。塔はもともと、お釈迦さまのお骨を納める仏舎利塔《ぶつしゃりとう》。こんな山のなかに、これほど立派な塔が立っているということが、この土地での信仰の篤さをひしひしと感じさせてくれます。また「シャリ」という言葉はどこかで聞いた事がありませんか。そう、寿司屋で板前さんが握るお米のことをシャリといいますが、実はそれはお釈迦さまのお骨に似ているからだといわれています。

さて、この先は二四四六段の石段の登りが続きます。ちょっとしんどいですが、がんばって登りましょう。山頂に飛び出すと、目の前には立派な三神合祭殿が現われます。ここだけで羽黒山、月山、湯殿山の神仏が拝めるようになっているのです。

ここでは現世を表わすという羽黒山の神についてお話しましょう。こちらに祀られる神はイデハノカミ（伊氏波神・産土神）とウカノミタマノカミ（宇迦之御魂命・穀物神）です。産土神とは、あなたが生まれた土地を守護して下さる神さまのことで、生まれる前から死んだ後まで守護して下さいます。他の土地に引っ越しても一生守護して下さるというのですから、ありがたい限りです。そして穀物神は、その名の通り穀物の神として豊作を願い、食を司る神です。私たちが暮らすこと、食べることを守護して下さる神が、ここにお揃いになっているのです。

では、次に月山へと歩みを進めましょう。現在は八合目までバスで行けるので、労少なくしてご利益が得られる山になりました。出羽三山は松尾芭蕉が登った山としても知られています。芭蕉が奥の細道を歩こうと決心したのは四十代も半ばになってからです。かつては人生五十年の時代ですから、現在の年齢に直すと、七十歳を過ぎてからのチャレンジという感じでしょうか。

芭蕉の時代は東北というのは、まだまだ未開の地だったのでしょう。道行く人も少なく、まさに「おくのほそ道」であったと思われます。そんな土地に出向いて出羽三山にも登り、各地で俳句を作りたいと願った芭蕉の情熱は今日の登山家にも負けないものがあるのではないでしょうか。しかも、今から三百年以上も前の話です。そして月山にて、芭蕉は有名な次の句を詠んでいます。「雲の峰いくつ崩れて月の山」。私の大好きな芭蕉の句のひとつです。

さて話を戻します。八合目から歩みを進めると、途中にはお地蔵さまがいらしたりして、ここが信仰の山であることを教えてくれます。お地蔵さまは素朴なお姿をされていますが、本来はとても尊い仏さまです。仏の位には、上から如来、菩薩、明王、天とあります。お地蔵さまの位は菩薩。そんな偉い仏さまなのに、素朴なお姿をされているのは、みなを救いたいと願った初心を忘れないようにとの思いがあるからです。

そんなことを考えながら歩いているうちに、月山に到着します。月山が表わすのは過去。そしてここにお住まいなのが、ツクヨミノミコト（月読命）です。ツクヨミはイザナギから生まれた神さま。イザナギが海水で体を清め、左目を洗うとアマテラスが生まれ、右目を洗うとツクヨミが生まれ、さらに鼻を洗うとスサノオが生まれました。アマテラスは高天原を、スサノオは大海原を、ツクヨミは夜（月）の国を治めることになります。月を治めるツクヨミがいらっしゃるので月山と呼ばれるのですね。

ツクヨミの役割は、月の満ち欠けを数え、月日の経過を読むことです。古代の農民は月の満ち欠けを数えて、種を蒔く時期などを決めていました。農民たちにとって、とても重要な神さまであったといえるでしょう。私たち登山者にとっても、下山が遅れたときなどに、月明かりが登山道を照らしてくれると、本当に心強いものです。

では、いよいよ三つ目の山、湯殿山へと向かいましょう。月山で死を迎えた私たちは、過去と決別して、ここから新たな生への道程を歩むことになります。しかし、この道程がなかなか険しい。特に湯殿山への最後の下りは、ハシゴや鎖に頼りながらの修験道ならではの道が続きます。ここが再生するための母の産道だとしたら、まさに命がけです。

そして、ようやく辿り着いた新たな未来である湯殿山では、少々変わった体験をすることになります。ここでは、靴を脱いで裸足でご神体へと向かいます。そこからは、こんこんと湯が湧き出しており、心地よい湯の温もりを感じながら、滑りやすい岩肌を攀じ登ってゆきます。こんなご神体はほかにはありませんから、忘れられない貴重な体験となるでしょう。

湯殿山で体験したことは「人に聞かれても語らないように、語る者がいても聞かないように」という昔からの戒律があります。よって、これ以上のことを書くのは控えておきましょう。ぜひ、あなた自身で体験して下さい。

新たな生を受けたことに感謝して、合掌。

月にウサギがいる理由

出羽三山とは直接関係はないのですが、月の話が出たところでちょっと寄り道して、月にウサギがいる理由についての伝説をお話ししておきましょう。

ある日、森に住む三匹の動物、ウサギ、キツネ、サルが、疲れ果てているおじいさんを見つけました。三匹はなんとかしておじいさんを助けたいと思い、それぞれ食べ物を見つけに行きます。

やがてキツネが戻り、川のなかから魚を持って帰りました。また、サルは木の実を持ち帰りました。しかし、ウサギは何も取ってくることができませんでした。するとウサギは、薪を集め、それに火を起こして、おじいさんに告げました「おじいさん。私は、おじいさんが食べる物を何も取ってくることができませんでした。その代わりに、どうか私を食べて下さい」と言うと、その燃え盛る炎の中に飛び込んだのです。

しかし、ウサギは熱さを感じることはありませんでした。実はおじいさんは帝釈天の化身だったのです。そして、ウサギのその気持ちを、とても尊いものだと思い、そのやさしい心が世界中に広がるように、月にウサギの心を届け、それ以来、月にはウサギの姿が映るようになったといわれています。

神への告げ口を防げ！　庚申山で眠らぬ夜を過ごす

我が家の近くには庚申《こうしん》塚と呼ばれる、石造りの塔があります。庚申待ちと呼ばれる徹夜の行を何年間か実施して、その神を供養した証として立てられることが多く、全国各地で見かけます。しかもそれは、修験道者ではなく、江戸時代から明治にかけて、関東一円の一般庶民の間に広がった信仰なのです。きっかけは、滝沢馬琴の名作『南総里見八犬伝』の庚申山怪猫退治の章で、奇岩怪石や霊域の神秘を紹介されたことが大きいようです。

では、その庚申信仰とは、いったいどのようなものなのでしょうか。暦の組み合わせにより、庚申の日が六十日に一回巡ってきます。「こうしん」と読みますが、漢字は「かのえ、さる」の組み合わせです。

その庚申の日の夜に、あなたの体の中にいる三尸《さんし》という虫が、あなたが眠っている隙に天帝（天地、万物を司る神）にあなたの悪口を告げに行くというのです。天帝はそれを聞いて「そいつはけしからん」ということで、あなたの寿命を縮めてしまうのです。そして、それを防ぐ方法が眠らずに徹夜をするというもの。眠らなければ三尸虫は天上に行くことができないので、告げ口を防げ、寿命が縮まらないですむというわけです。

そんな庚申信仰の本山が、有名な足尾銅山の近くにある栃木県の庚申山（一八九二メートル）です。山名の由来は、次のように伝わります。

昔、年劫《ねんごう》を経た一匹の白い猿が住んでいたといわれており、猿が申に通じることから、庚申山という名が付き、信仰されてきたそうです。ちなみに年劫とは、宇宙的な単位のとてつもなく長い時間という意味。きっとこの山で、何万年も生きてきた白い猿がいた、というような意味の話なのでしょう。まさにこの山の主であり、神ですよね。また、猿に縁の神ということで、この山にはサルタヒコノカミ（猿田彦神）が祀られています。

ではさっそく、庚申信仰の道を歩いてみることにしましょう。国民宿舎かじか荘から一時間ほど林道を辿ります。途中には「天狗の投げ石」と呼ばれる、大きな石がゴロゴロと積み重なったような、変わった風景を目にすることができます。

昔、男体山の神と赤城山の神が、美しい中禅寺湖を自分のものにしようと、それぞれが大蛇とムカデに姿を変えて争ったという話があります。その際に赤城の神が石を投げたのですが、力が弱くて、天狗の投げ石と呼ばれるこの地に落ちたとのことです。最終的にその戦いは男体山の神が勝利するのですが、その戦いが繰り広げられた場所が現在の戦場ヶ原であると伝えられています。

まもなく登山口にある一の鳥居に到着です。一の鳥居のすぐ近くには、庚申七滝があります。私が目にしたときは水量も多く、見ごたえのある滝でした。一の鳥居から勾配の増す道を登れば、やがて鏡岩と呼ばれる大きな岩が現われます。そこには「孝子別れの処」と書かれた看板が立って、次のような話が伝わっています。

ある日、猟師が庚申山に出掛けた際に吹雪に遭い、身動きがとれなくなりました。そのとき一匹の大きな猿が現われて、思わずその猿に助けを求めます。「私を助けてくれたら、娘をお前の嫁にやろう」。大猿は仲間とともに、首尾よく猟師を無事に助け出します。しかし、猟師は娘たちになんと話したらよいのかと思案していました。覚悟を決めて、猟師は娘たちにことの事情を話します。長女も次女も、とんでもない話だと拒否します。しかし、末娘は、父親を助けるために泣く泣く承諾することにしました。後日、末娘を引き渡すために山に登り、別れたのがこの岩場なのです。

その後も登りは続き、猿田彦神社跡に着くと、いよいよお山巡りが始まります。鎖やハシゴのある岩場が続き、いかにも修行の場にふさわしいコースです。私がかつてこのコースを訪れたのは6月下旬。まぼろしの霊草といわれるコウシンソウが咲いていました。険しい岩にへばりつくように咲く、淡いピンクの小さくて可憐な花ですが、なんと葉の裏側に粘液を持つ食虫植物です。

その後も奇岩を眺めながらの変化に富んだコースを歩きます。なかには猿の顔に見える岩もあり、庚申の神にちゃんと修行をしているか見張られているような気がしました。

やがて笹原の道を進めば山頂に出ますが、展望はないので少し先の展望地へと移動して休憩しましょう。さて、それではこのへんで、この山に祀られているサルタヒコノカミについてお話ししておきましょう。サルタヒコはニニギが天孫降臨したときに道案内をしたことから、先導、道開きの神とされています。したがって旅の安全や厄除け、新築、引っ越し、就職、結婚など、新たな道を開くような出来事にもご利益があるとされています。

そして、その風貌から天狗の元祖ともいわれています。そんなサルタヒコには奥さまがいらして、その名をアメノウズメノミコト（天宇受売命）といいます。そう、アマテラスが岩戸に籠った際に、刺激的な踊りで男神から歓声を浴びた神です。その踊りは「日本書紀」では「天の石窟戸の前に立ちて巧みに俳優《わざわざ》を作《な》し」と記されていて、そのことから神楽や技芸の祖としても知られています。

庚申山のすぐ先に聳える日本百名山の皇海《すかい》山山頂にある青銅の剣には「庚申二柱大神」と記載されています。柱は神さまを数える単位なので、その二柱とはおそらくサルタヒコとアメノウズメのことではないかと推測されています。江戸時代から明治中期にかけて、庚申信仰が盛んだったころには、庚申山、鋸山、皇海山という三山駆け修行が行なわれていたようです。それは皇海山が奥の院になっていたから。庚申山にも奥の院はあるのですが、それは庚申山の奥の院ということで、三山駆けとなればやはり皇海山が奥の院ということになります。なぜなら一番奥にある院なので、奥の院と名が付いているわけですから。

さて、そんな皇海山という変わった山名の由来ですが、明治十二年の郡村誌には「笄山《こうがい》」と紹介されていたそうです。山の形が「髪掻《こうがい》」、髷《まげ》を結うために髪を掻き上げる装身具に似ていたからということですが、その「こうがい」に皇開という字が当てられ、さらに開が海となり、皇海山になったといわれています。

では、最後に庚申山のお山巡りコースの下にある庚申山荘についてお話ししておきましょう。二階建ての木造りのロッジのような建物の前は小広い草地になっていて、気持ちよく食事をすることができます。無人小屋ですが、水場やトイレもあって快適です。もしも機会があれば、庚申の日にお山巡りをして、そのまま庚申山荘に泊まり、眠らずに山仲間と朝を迎えるというのも、なかなか思い出深い登山になるのではないでしょうか。

山の仲間が集い、庚申の神に思いを馳せ、酒を酌み交わしながら山談義に花を咲かせる。これこそまさに、現代の登山愛好家による庚申信仰なのではないかと思います。でも、くれぐれも飲み過ぎて寝てしまうことのないようにご注意下さい。

盛り塩が商売繁盛につながる理由

よく牧場へ行くと、牛が塩を舐める塩クレ場という場所がありますね。日本百名山に選定されている美ヶ原にも、その象徴である「美しの塔」の近くに、塩クレ場があります。動物にとって、塩分は生きるために必要な要素です。しかし、牛の主食となる草では、塩分が補給できないため、塩分を補給する場を設ける必要があるのです。

時は平安のころ。帝や貴族たちは移動の際に、牛車《ぎっしゃ》という牛に車を取り付けた乗り物に乗っていました。帝には多くの妻がおりましたので、夜になると、今宵はどの妻のもとで過ごそうかと迷いながら、牛車に乗っていたのです。

そして、帝を待つ女性たちも、その寵愛を受けたいと願っていました。すると、ある女性が自分の家の前に盛り塩を置きました。それに帝を乗せた牛が気が付くと、塩をなめるために、その場からしばらく動こうとはしません。必然的に帝は、その女性の家で夜な夜な時を過ごす日々が続きました。そのことから、商売をする店では、お客さんを呼び込むために、盛り塩をするようになったということです。

関東のまほろばの里、秩父の山々に神を訪ねる

埼玉山岳ガイド協会に所属する私にとって、秩父の山々は愛すべき地元の山です。そしていつも思うのが、この場所こそ「まほろばの里」ではないのか、ということ。神話ではヤマトタケルが故郷を想い、「倭《やまと》は国のまほろば　たたなづく青垣　山隠れる倭うるわし」と詠んでいますが、ここ秩父の里も、その美しさでは引けを取りません。

武甲《ぶこう》山、宝登《ほど》山、三峰《みつみね》山は、それぞれ山岳信仰の聖地として多くの修験道者が集った場所です。そして、秩父神社の例大祭として全国的に知られる秩父夜祭や、秩父三十四観音霊場の札所巡り、長瀞《ながとろ》の川下りなど、この地はまさに「まほろばの里」としての魅力に溢れています。まずは「秩父夜祭と武甲山」の話から始めることにしましょう。

秩父夜祭と武甲山

秩父夜祭は十二月三日に行なわれる、秩父神社の例大祭です。武甲山の男神と秩父神社の女神が、年に一度の逢瀬を楽しまれる日なのです。男神は水を司る竜神。武甲山から流れ出る水が、秩父盆

地と、そこに生きる人々の生活を潤しているのです。そして、女神は妙見さまです。冬の夜空といえば、北極星を思い浮かべる方が多いと思いますが、その北極星を神格化したのが、妙見さまです。妙見さまはすべての星を司りますので、厄除け開運や方位除けなどにお力を発揮され、秩父の人々の生活に実りと福をもたらしてきました。

また武甲山の山名の由来は、古くは嶽、その後に地域の有力者の名を冠して秩父ヶ嶽、さらに地域の荘園名にちなみ武光山と変わってきたようです。そして、江戸時代の後期になると、ヤマトタケルが登山した際に平和を祈願して甲冑などの武具を納めたという伝承から、武甲山という山名になったといわれています。

秩父夜祭は、三百年以上の歴史を持ちます。私たち観光客としては豪華な笠鉾や屋台の曳き回し、夜空を彩るきれいな花火に目が行きますが、地元の人たちにとって祭りは、神と人をつなぎ、人と人をつなぐ大切なものです。屋台を曳きまわし「ワッショイ、ワッショイ」と声を掛けるたびに、おそらく神が自分のなかに降臨してくるのを感じているのではないでしょうか。

宝登山と宝登山神社

遥か昔、ヤマトタケルが宝登山に登り、神武天皇、オオヤマツミノカミ（大山津見神・大山祇神）、ヒホムスビノカミ（火産霊神）を祀られたのが宝登山神社の始まりといわれています。

神武天皇は天孫降臨したニニギの曾孫で、初代の天皇になられた方。東征のおりに熊野から吉野まで、八咫烏《やたがらす》に道を先導されながら山道を歩くなどの経験もされています。さらにこの方が奈良の橿原《かしはら》で「天皇になる」と宣言された日から日本の国が始まったといわれており、その宣言された日が二月十一日、建国記念の日となっています。

オオヤマツミは山の神の総本家ともいえる存在です。また、ヒホムスビはイザナギとイザナミの最後の子どもで、火の神です。防火や防災にそのお力を発揮されます。

宝登山神社からは、緩やかで小広い林道をつづら折りに登ってゆけば、一時間少々で標高四九七メートルの山頂に到着します。宝登山神社の縁起によれば、ヤマトタケルが山麓の神社で禊を終えて山頂から大和の国を遥拝していたところ、突如火事に襲われ、巨大な山犬に助けられたといわれています。その山犬はオオヤマツミの神犬で、ヤマトタケルはそのことに感謝し、山の名を「火止《ほど》山」（後に宝登山となる）と命名したと伝わります。

その山頂からは秩父を代表する名山、両神山も望むことができ、冬にはロウバイや梅の花が、その香りとともに登山者を楽しませてくれています。もちろん、山頂に登った際には、その頂に鎮座する奥宮のお参りも忘れずに。

三峰山と三峯神社

雲取山、白岩山、妙法《みようほう》ヶ岳の三つを称して、景行天皇が「三峯」と名付けたのが三峯神社の由来とされています。幽玄な山上のお社には、祭神としてイザナギ、イザナミが祀られているのですが、それはヤマトタケルが東征の際に、三峯の美しい自然を目にして、国生みの神話を懐かしんだことから、この地に二神を祀ることにしたといわれています。

縁起によれば、ヤマトタケルがこの三峯に辿り着いたのは、甲斐国から武蔵国へ入るため。雁坂《かりさか》峠を越えてきたヤマトタケル一行が、秩父で道に迷ってしまうのですが、そこに巨大な犬が現われて一行を導き、それにしたがって進むと三峯連山の山頂に着いたといわれています。先ほどの宝登山神社の縁起に似ていますね。いずれにしても、三峯神社でも犬は重要な神の使いです。この地で信仰されているオイヌサマとはオオカミのことであり、神と同じような霊力を持つ山の神の使いでもあります。

もしも三峯神社にお参りする機会があれば、ぜひ妙法ヶ岳にある奥宮も訪れて下さい。三峯神社からは一時間ほどの道程ですが、山頂直下は鎖場もありますので十分注意を。しかし、短いとはいえ、プチ修験道気分を味わうことができ、より一層神の気配が感じられるはずです。

「ツール・ド・マウント富士登山」で富士山信仰を学ぶ

私は「ツール・ド・マウント富士シリーズ」と銘打って、富士山の周囲を時計回りに歩くガイド登山を実施しています。ヒントになったのは、チベットのカイラス山の巡礼です。カイラス山とはチベット高原に位置する標高六六五六メートルの独立峰で、仏教やヒンドゥー教の聖地として知られています。信仰の山なので、登頂許可が下りず、未だに未踏峰となっています。登頂はできなくとも、多くの巡礼者がこの地を訪れています。チベット仏教徒が時計回りに五体投地をしている姿は、テレビや雑誌などでも目にしますね。一周すると約五十二キロメートルの巡礼道で、最高点は標高五六三〇メートル。遥か彼方のこの聖地に、日本人の河口慧海という僧侶が、なんと一九〇〇（明治三十三）年に足を踏み入れています。

日本でもカイラス山のように聖なる山を巡礼できたらいいな、と思ったときにすぐに頭に浮かんだのが富士山でした。なんといっても日本の最高峰であり、その大きさと美しさは群を抜いています。古の人々もこんなに美しい山なら、さぞ美しくて立派な神が宿っているに違いないと思ったことでしょう。

その証として、山麓の富士宮市に位置する富士山本宮浅間大社には、コノハナノサクヤビメがご祭神として祀られています。桜の花が咲くように美しいことが名の由来です。この神さまには、水を司る力があり、さらに夫であるニニギから不貞を疑われた際に、燃え盛る産屋のなかで子どもたちを生んだことからも、火に強いお力を持つことが想像できます。富士山の噴火を鎮めるには最適な神さまなのです。

また、私が目にしたいくつかの江戸時代のコノハナサクヤビメの像は、ふっくらとしたお姿でした。おそらくそのふくよかな体形は、安産を象徴しているのでしょう。そんなコノハナノサクヤビメが授けて下さるご利益は、やはり火除けと安産なのです。

ツール・ド・マウント富士登山を始めるにあたっては、富士山との縁が深い富士山本宮浅間大社を出発地点と決めました。大社をお参りしたあとは、白糸の滝を訪れます。富士山を背にした長い屏風に、まさに白い糸を垂らしたようなこの滝は、富士講を世に広めた長谷川《はせがわ》角行《かくぎょう》がこの地で修行を行なったことから、その後富士山を信仰する人たちの修行の場となりました。もっとも私の場合は、ここで滝行などの禊をするわけではなく、そんな角行に敬意を表してお参りをしただけですが、なんだか心と体が清められたように感じました。

ではここで富士講の開祖、長谷川角行について少しお話をしておきましょう。角行は長崎の出身で、一五四一（天文十）年生まれと推測されています。角行は人穴と呼ばれる溶岩洞窟で四寸五分の角材の上に爪先で立つ苦行を、一千日間行なったことから名付けられました。一寸は約三センチメートルですから、十二〜十三センチメートル四方の角材の上に立ち続けたということになります。

本名は長谷川武邦と伝えられています。若いころに常陸国、現在の茨城県で修行を積み、十八歳のときに夢のなかに富士山の神が現われて「富士山に登って修行を積みなさい」とのお告げを受けます。その後、角行は富士山で修行を重ねて、先ほどもお話しした人穴での修行を経たのち、富士山登拝や内八海（河口湖、西湖、精進湖《しょうじ》、四尾連湖《しびれ》、本栖湖《もとす》、須津湖《すど》、山中湖、明見湖）で水垢離などの水行を行ないました。富士講には富士山を浄土とする昔ながらの信仰がありましたが、ここから角行による新たな信仰がはじまったのです。

白糸の滝で心身を清めたら、まず最初に天子ヶ岳から長者ヶ岳へと辿り、田貫湖《たぬき》へと下るコースを歩くことにしましょう。まずは林道を歩き、山頂直下の急登を登れば天子ヶ岳です。ここからは春は新緑、秋は紅葉が美しい稜線を長者ヶ岳までミニ縦走します。長者ヶ岳からは東海自然歩道となっている歩きやすい道を、田貫湖《たぬき》を見下ろしながら歩きます。

田貫湖からは平坦地を歩き、広々とした緑の草地が気持ちよい、朝霧高原の林道を歩きます。やがて麓という里に辿り着きます。ここからは日本二百名山にも選定されている毛無山《けなし》に登ります。

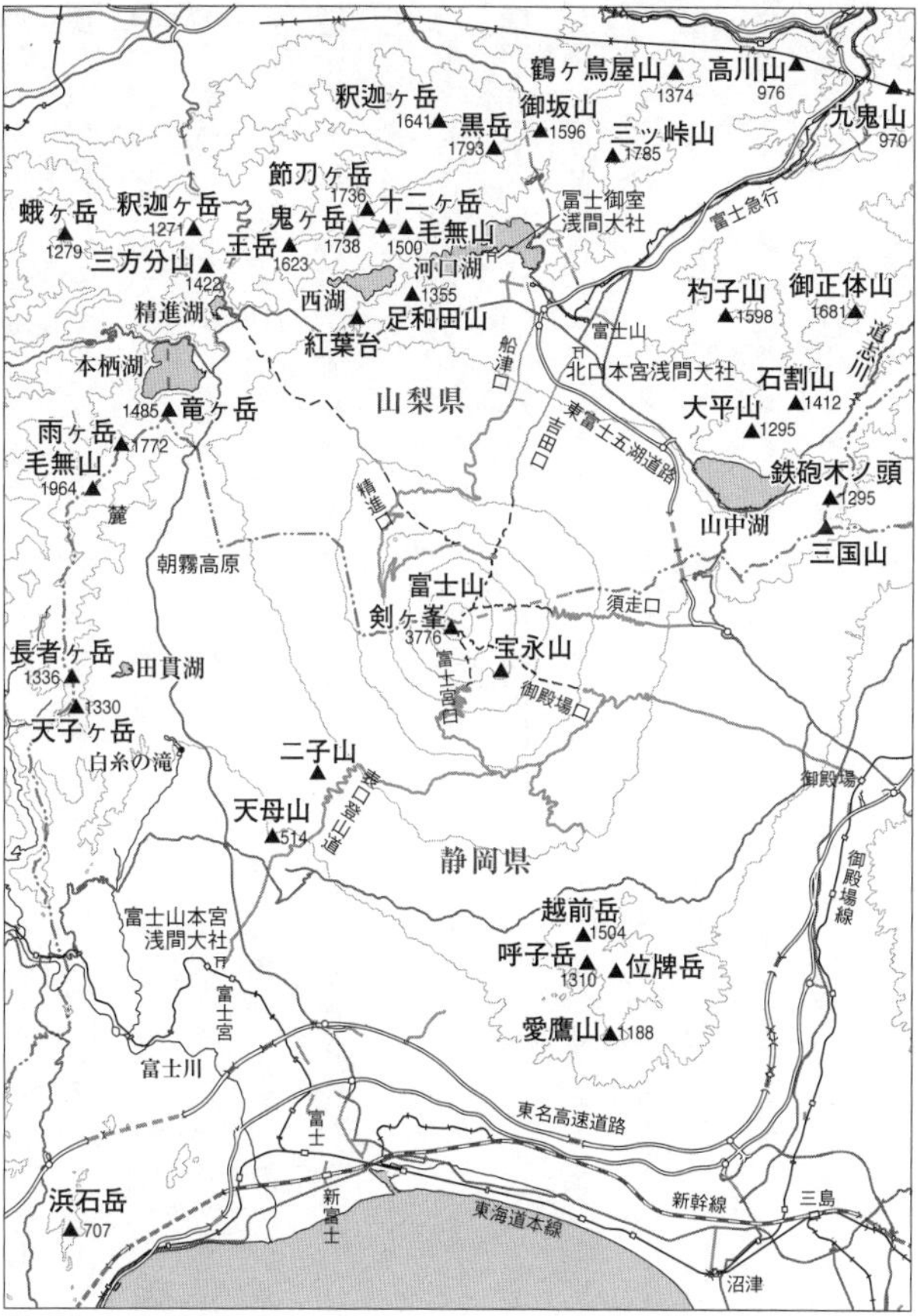
鶴ヶ鳥屋山
1374
高川山
976
釈迦ヶ岳
1641
御坂山
1596
九鬼山
970
黒岳
1793
三ッ峠山
1785
節刀ヶ岳
1736
十二ヶ岳
蛾ヶ岳
1279
釈迦ヶ岳
1271
鬼ヶ岳
1738
毛無山
1500
富士御室
浅間大社
富士急行
王岳
1623
三方分山
1422
河口湖
西湖
1355
足和田山
杓子山
1598
御正体山
1681
精進湖
紅葉台
富士山
船津口
道志川
本栖湖
北口本宮浅間大社
石割山
1412
山梨県
大平山
1295
1485
竜ヶ岳
吉田口
東富士五湖道路
雨ヶ岳
1772
毛無山
1964
鉄砲木ノ頭
1295
麓
精進口
山中湖
三国山
朝霧高原
富士山
剣ヶ峯
3776
須走口
宝永山
長者ヶ岳
1336
田貫湖
1330
富士宮口
御殿場口
天子ヶ岳
白糸の滝
二子山
表口登山道
御殿場
天母山
514
静岡県
御殿場線
越前岳
1504
富士山本宮
浅間大社
呼子岳
1310
位牌岳
富士宮
愛鷹山
1188
富士川
東名高速道路
富士
浜石岳
707
新富士
新幹線
三島
東海道本線
沼津

富士山周辺概念図

まるで屏風を立て掛けたような大きな山です。実はこの山はかつて金山として栄え、今川氏や武田氏が軍事資金に充てるために管理されていました。今でも地図を開くと金山や金山遺跡などの名を見つけることができます。また、山岳信仰の山でもあったことは、地図を見れば一目瞭然。不動の滝、地蔵峠、山の神などの名称が目白押しです。見た目の大きさの通り登り甲斐のある山で、山頂からの展望は富士山をはじめ、北アルプスや南アルプスも一望できます。毛無山からは雨ヶ岳まで縦走し、端下《はした》峠から本栖湖へと下ります。内八海のひとつに手を合わせ、無事の登山に感謝しましょう。

この後は、三方分山《さんぽうぶん》から王岳へと縦走するコースを歩きます。歩き出しは精進湖からとなります。精進峠までは急な道が続きますが、稜線に出たら多少のアップダウンはあるものの、ほどなく三方分山に辿り着きます。三方分山はその名の通り、釈迦ヶ岳へと向かう道、精進湖へと向かう道、そして王岳へと向かう道の三方への分岐点です。ここからは石仏の置かれた女坂峠、五湖山を経て王岳へと向かいます。しかしこれがけっこう長くて、おまけに女坂から先は登山者が少ないせいか、少々ヤブっぽい道になりますので、暑くても長袖の用意をお忘れなく。その後も長い稜線を辿って、ようやく着いた王岳からは西湖へと下ります。内八海から内八海へと歩く登山は、当時の富士山信仰の人たちの想いを辿るようで、なんとなく神聖な気持ちにさせてくれます。

さて、話は変わりますが、改めてこの周辺の山名や地名を見るとおもしろいストーリーが見えてきます。王岳の先には鍵掛峠《かぎかけ》があり、さらにその先には鬼ヶ岳、節刀《せっとう》ヶ岳へと続いています。これは王を鬼から守るために、その途中の峠に鍵をかけ、さらに鬼を討つために節刀が用意されたということが考えられます。節刀とは天皇が将軍に授けた刀のこと。桓武天皇が坂上田村麻呂に授けたことは、よく知られています。かつてここには山賊がいて、その山賊のことを鬼と呼んでいたのかもしれません。山名や地名からはそんな物語が感じられ、興味は尽きないでしょう。

では次のコースへと歩を進めます。西湖と河口湖の中間地点から毛無山へと向かう登山道があり、まずはそれを辿ります。この毛無山から十二ヶ岳へ続く道程は、ロープや鎖、ハシゴを頼りに進んでゆく、アクティブ派にはうれしい山道です。スリルを楽しみながら辿り着いた十二ヶ岳の山頂は、眺めがよくてランチには最適な場所。しかし、この後も金山までは気の抜けない道程が続きますので、まだまだ気を緩めるわけにはゆきません。でも、節刀ヶ岳まで来ればひと安心。この後は大石峠を経て、河口湖方面へと下ることにしましょう。

ここから次の目的の山である杓子《しやくし》山へとつなぐ間には、富士吉田という地域があります。富士吉田は御師《おし》の町として知られています。御師とは富士講の人たちが富士山に登拝する前の宿泊場所を提供し、弁当や防寒着を運ぶための強力を手配したりなどの細々とした世話を焼き、さらに祈禱によって、人々と神仏の仲立ちをする宗教者でもありました。富士講とは富士山を信仰するグループのことです。

富士講が盛んになったのは江戸時代の中期から後期にかけてで、角行の教えをさらに深めたとされる食行身禄《じきぎょうみろく》によるところが大きいとされています。身禄は時の幕府が、自らの利益のことしか考えず、庶民を苦しめているとして大きな不満を抱いていました。よい世の中にするために富士山の教えを広め、自らが断食の修行をすることで入定《にゅうじょう》し、富士山の神の使いとなることが必要であると、行動に移しました。

入定とは修行中に命が尽きることで、宗教的自殺と解釈されることもありますが、私は違うと思っています。言い換えればこれもひとつの権現ではないかと思うのです。人の姿ではなく、富士山の神の使いとなることで、富士山の教えがより広く世の中に伝わると考えたのでしょう。この身禄の三十一日間の断食修行の際に、身禄に付き添い、その教えを「三十一日の巻」にまとめたのが上吉田の田辺十郎右衛門とその息子である多吉です。社会のあり方や、人としての生き方を日記形式で説いたその書は、多くの庶民に支持されて富士山信仰の爆発的な流行を生みました。

さて、そんな富士吉田から富士山に登り、山頂に立ったならば、ぜひお鉢巡りも体験してほしいと思います。そこは多くの神仏が鎮座されている修行の道なのですが、興味深いのはその火口にお賽銭が投げ入れられていたこと。火口に投げ込まれたお賽銭は、火口に下りて集め、富士山本宮浅間大社などに納めたということです。なぜなら八合目以上の土地は浅間大社の境内となっているから。ちなみに、火口の一番底にあたる場所は、ちょうど八合目の高さと同じぐらいだそうです。

そして、富士登山の終わりを彩るのが吉田の火祭りです。毎年八月二十六日に宵祭り、二十七日に本祭りが富士吉田で行なわれています。北口本宮浅間神社のコノハナノサクヤビメと、その隣に位置する諏訪神社のタケミナカタノカミ（建御名方神）に明神神輿に乗っていただき、その後に真っ赤な富士山を型どった山神輿が練り歩きます。おもしろいのは休憩のたびに、山神輿をドスンと三回落とすことですが、それは噴火を鎮めるためといわれています。また、このお祭りでは西念寺というお寺の前を通るのですが、その寺では神さまにお経を唱えて出迎えます。昔からの神仏習合の名残が感じられる風習が、今も残っているのです。

次の登山は、富士吉田から車で二十分ほどの不動の湯から始まります。そこから杓子山に登り、二十曲がりまで歩きます。このコースの魅力は杓子山からの富士山の大展望です。晴れていれば裾野の末端まできれいに見えます。しかし、その後の二十曲がりまでの下りはなかなかの難所で、ロープを頼りにスリップに注意して歩かなければなりません。そして、ようやく辿り着いた二十曲がりには、とてもきれいな水が湧き出ています。

この場所も、富士山のビューポイントとして最高です。特に富士山の紅葉時期に夕陽が映し出すその姿は、まさに葛飾北斎の赤富士を見ているようで、本当に感動します。この後は、いよいよ紅葉台から三国山、鉄砲木ノ頭と歩いて一区切りとなります。この三国山から鉄砲木ノ頭のコースも、富士山の展望がすばらしく、晩秋ならススキの穂が黄金色に輝いて、富士の眺めもひと際美しいものとなります。こんなふうに富士山の周りの山々から富士山を眺めながら歩くと、富士登山とは違った富士山の魅力や、富士山の神さまや仏さまに魅かれた人々の気持ちがよく理解できるようになるでしょう。

ここで紹介したツール・ド・マウント富士登山のコースは、どこからでも富士山がきれいに見えるのが、その最大の魅力です。そしてその神々しさは、ほかの山に比べてやはり際立っています。いつも思うのですが、富士山に神仏がお住まいなのではなく、富士山そのものが私には神であり仏であると思えるのです。

そんな神であり、仏である富士山に抱かれながら歩いていると、心と体がゾクゾクしてきます。かつて高野山で月輪観《がちりんかん》という瞑想法を体験しました。そのときはあるお寺の本堂で、座布団の上に座り、月に抱かれるようなイメージで、とても心地よい時間が過ごせましたが、富士山を眺めながらの登山は、まさに歩きながら瞑想をしている感じで、心地よく歩くことができるのです。

僧侶で作家の瀬戸内寂聴さんが、岩手県二戸市の天台寺で青空説法をされた際に、次のようなお話をされました。「本当は目に見えないものが大切です。神や仏、ご先祖さまは目には見えないでしょう。でも、もっと見えないのは人の心です。しかし、生きていくうえで一番大切なことです。目には見えないものによって生かされているのだと考えて下さい」。

しかし、人の心もさることながら、現代に生きる私たちには、自分の心も見えなくなっているような気がして、仕方がありません。

でも、幸いなことに富士山を見ながら山を歩いていると、富士山に自分の心が映ることがあります。それは富士山のお陰で開いた「仏性」であると私は思っています。仏性とは何かというと「自分の中にある純粋な心」のこと。山に登るとピュアな自分に戻れるのです。

山に登っているときは素の自分、ありのままの自分になれる。そして、そのありのままの自分でいられるときは、人の心も見えてきます。だから、一人でも多くの人に山に登ってもらいたいと、私はいつも思っています。

ツール・ド・マウント富士。機会があれば、ぜひチャレンジしてみて下さい！

富士山はかぐや姫のふる里だった

かぐや姫のふる里が月ではなく、本当は富士山だったとしたら、おそらく多くの人が驚くでしょう。みなさんがよく知る「竹取物語」では、最後は月に帰ってゆくのですが、静岡県富士市に伝わるかぐや姫の話は、次のようなものなのです。

富士山がよく見える竹林のそばに仲よく住んでいたおじいさんとおばあさんは、いつも子どもが欲しいと願っていました。おじいさんは竹を採って籠を作ることで生活を営み、「竹取りの翁」と呼ばれていました。ある日のこと、おじいさんが竹を採りに行くと、竹のなかが光っているのを見つけます。そして、その竹のなかから手のひらに載るくらいの、まるでお姫さまのような女の子が現われました。

おじいさんはその子を家に連れて帰り、おばあさんと一緒に大切に育てることにしました。子どものいなかったおじいさんとおばあさんは、たいそうな喜びようで、その甲斐あって、女の子は成長するにしたがい、美しくなってゆきます。そんな女の子の名前を二人は「かぐや姫」と名付けました。

かぐや姫の名は、村から村へと伝わり、やがて国司の耳に届きます。それほどに美しい娘ならぜひとも会ってみたいと思った国司は、家来たちに言って宝物をかぐや姫に届けさせます。しかし、かぐや姫は国司と会うことを拒みます。でも、諦めきれない国司は繰り返し繰り返し、かぐや姫にプロポーズします。

その情熱に打たれたかぐや姫は、ついに結婚を決意します。二人の結婚生活はとても幸せなものでした。数年が過ぎ、かぐや姫は富士山を眺めるたびに、もの思いにふけるようになりました。そして、とうとう国司に告げます。「私は富士山から参りました。そろそろ富士山に帰らねばならないのです」。そして、引き留める国司を振り払うように、かぐや姫は富士山へと続く道を登っていきます。

かぐや姫は、なぜかひとつの箱を国司に残していました。それを見た国司は、かぐや姫を追いかけて、やがて富士山の山頂へと辿り着きます。そこには大きな池があり、その池のなかにある宮殿から、天女のようなお姿のかぐや姫が現われました。かぐや姫は、再び地上世界で暮らすことはできない旨を告げると「さよなら」という言葉とともに池のなかに消えてゆきました。すると国司は箱を抱えて、自らも池のなかへと足を踏み入れていったのです。

何やらミステリアスなラストですね。かぐや姫は山頂の池に帰っていった。そして国司が抱えていた箱はいったい何なのか？

　一般的なかぐや姫の物語では、帝に渡した箱のなかには不死の薬が入っています。しかし、かぐや姫がいない今となっては、不死の薬など欲しくはないと思った帝は、かぐや姫からの手紙も添えて、駿河国にある日本で一番高い山でそれを焼くよう使者に命じます。このことから「不死の山＝富士山」になったともいわれます（由来については「不二の山＝ふたつとない山」など諸説あります）。

　では、富士市のかぐや姫伝説で、国司が持っていた箱のなかにも「不死の薬」が入っていたのでしょうか。そしてその箱を持ってかぐや姫が住む富士山頂上の池に入り、二人で仲よく永遠の命を得て幸せに過ごしているということなのでしょうか。残念ながら、その後の話は定かではありません。

「竹取物語」はその成立年や作者は不明ながら、日本最古の物語とされています。しかし、多くの人が知る「竹取物語」は「富士山のかぐや姫」の伝説が基になっているのではないかと、富士市の人たちは研究をしています。

　それによると、かぐや姫ゆかりの地名や神社が数多く残っていること、時代背景として富士市でかぐや姫が発見された場所とされる「竹採塚」周辺と奈良の朝廷に深い交流があったことなどから、次のような仮説を立てています。

竹取物語では「帝＝天皇」が登場しますが、富士山のかぐや姫では「国司」になっていることに注目。奈良時代に地方に派遣された国司は、その土地の情報を「風土記」にまとめて朝廷に送ります。この地域からは「駿河国風土記」が送られ、かぐや姫の話の内容を、朝廷が国家を統制するために「国司」から「帝」に書き換えたのではないか。富士山のかぐや姫では国司一人が姫に求婚するが、竹取物語では五人が求婚することになっており、よりストーリーが複雑化されています。それは、富士山のかぐや姫の話を骨子に朝廷が脚色を加えたのではないか、といった根拠を挙げています。

しかし、現実には「駿河国風土記」が今に残っていないため、推測の域を出ることはありません。ただ、臨済宗の中興の祖である白隠《はくいん》禅師は「無量寿禅寺《むりょうじゅぜんじ》草創記《そうそうき》」という書物のなかで、里の人々がかぐや姫のことを浅間大士と敬い、その浅間大士が住んでいたところが竹採屋敷であったとし、そのことから富士山のご神体はかぐや姫であると考えていたようです。

いずれにしても、地元で研究されている方々の今後の成果に期待したいと思います。興味がある方は、かぐや姫ゆかりの地をぜひ訪ねてみて下さい。そこから眺める富士山の美しさは、まるでかぐや姫のようですから。

伝説の陰陽師・安倍晴明を取り囲む山々

あるとき、東京都と山梨県の境にあたる、大月周辺の山々の地図を眺めていて、すごいことに気がつきました。そこにはカタカナで書かれた「セーメーバン」という不思議な山名が記されています。三角点のある、標高一〇〇六メートルの山です。さて、セーメーバンという山の名前ですが、漢字にすると「晴明盤」となります。そう、みなさんご存じの陰陽師《おんみょうじ》・安倍晴明《あべのせいめい》ゆかりの山で、一説によれば阿倍晴明が没したところとされていますが、定かではありません。

安倍晴明は九二一（延喜二十一）年に現在の大阪市阿倍野区に生を受けたとされています。陰陽寮（朝廷内で陰陽師が所属する機関）にて四十歳で天文博士から天文道を学び、五十歳で天文博士に任ぜられます。占いや雨乞い、天皇の病気回復などに力を発揮し、花山天皇や一条天皇、藤原道長などから絶大な信頼を得て、陰陽師として名声を博しました。

陰陽師による陰陽道とは、この世のすべての現象を五つの要素「木・火・土・金・水」（陰陽五行といいます）に分けて、その五つのバランスをとることで、災いを避け、幸せをもたらすことを目的とした呪術です。

普段の私たちの生活のなかにも陰陽道は活かされています。冠婚葬祭を行なう際の日取り、お正月の門松、節分の豆まき、恵方巻き、ひな祭りに飾る桃の花や、端午の節句に菖蒲《しょうぶ》を風呂に入れることによって健康を願う菖蒲湯なども、すべて陰陽五行がもとになった行事です。

また、安倍晴明は天体を観察して世の中の動向を読み取りました。晴明盤とは安倍晴明が占いに使う式盤のことですが、もしかしたらこの山からある方位を占いで導き出し、その方位にいらっしゃる山々の神仏に問題を解決する力をお借りしたのかもしれません。

では大月の地図を広げて、どの方位にどんな神仏がいらっしゃるのか確認していきましょう。

権現山

まず東に権現山があります。山岳修験道の項目でもお話ししましたが、仏が人々を救うのに、最もふさわしい仮の姿で現われたのが権現さまです。その険しい表情で魔を払う力をお持ちです。この山の山頂直下には、山梨県上野原市に位置する王勢籠《おせろう》神社の奥宮があり「大勢籠《おおむれ》権現」が祀られています。里宮である王勢籠神社は狼信仰の神社で、七十五匹の神犬がいるのですが、その神犬を司るのが大勢籠権現です。その犬には、火災予防、盗難予防、災難予防などの力があります。

埼玉県秩父市の三峰神社や東京都青梅市の御岳山に位置する武蔵御嶽《むさしみたけ》神社など、この近辺に広まった狼信仰が流行った背景には、江戸時代、一八五八（安政五）年にコレラが流行したことが挙げられています。人々に恐れられた病を癒すために、憑き物落としの力があるとされる狼が持てはやされるようになったのです。おそらく権現山の大勢籠権現は、江戸時代のコレラを退散させるに相応しいお姿で現われ、狼の力を使って恐ろしい疫病を退散させたのでしょう。そして里宮のご祭神は、やはり犬（狼）の力で災難を乗り越えたヤマトタケルです。ヤマトタケルもまた、犬の力を使って災厄を避ける力を持っていたのではないでしょうか。

山梨県大月市の桃太郎伝説（扇山、百蔵山、猿橋、岩殿山、九鬼山）

セーメーバンの東南には桃太郎伝説の残る山々があります。この地の伝説では、百蔵《ももくら》山で実った桃を食べて若返ったお爺さんとお婆さんの間に生まれた子が桃太郎とされています。九鬼《くき》山から追い出されて、岩殿山に住み着いた鬼の悪事に困っていた人々のために、桃太郎は鬼退治に行くことを決意します。桃太郎はともに戦う仲間を探し、猿橋で猿を、鳥沢で雉を、犬目で犬を従えて、談《だん》合《ごう》坂で作戦を練った（談合した）のです。

そして、満を持して岩殿山に向かうと、鬼は桃太郎の登場に驚き、手に持っていた石杖を投げつけます。その石杖が地面に刺さったときに大きく地面が揺れたので「石動《いしどう》」という地名が付いたと

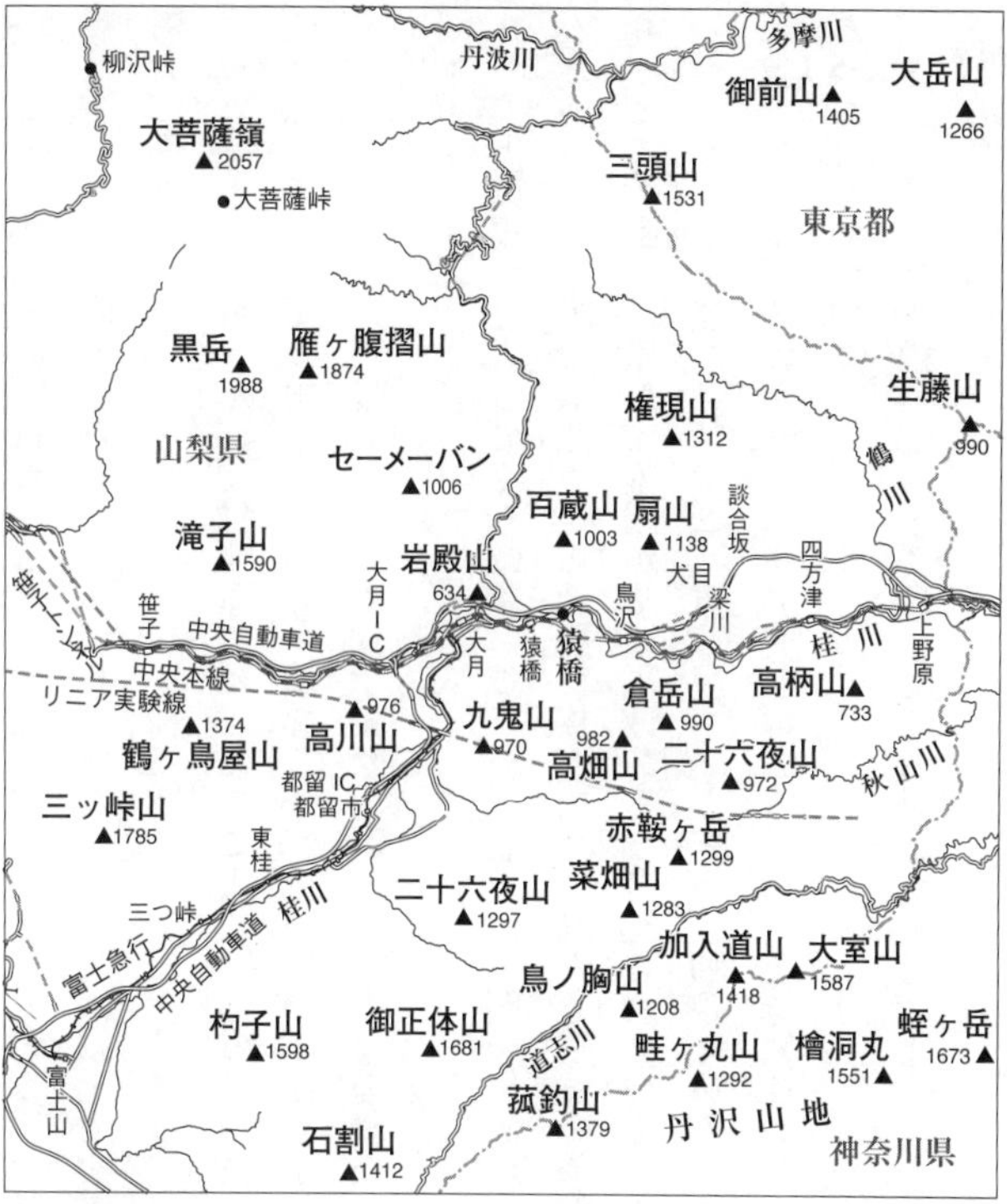
柳沢峠
丹波川
多摩川
御前山
1405
大岳山
1266
大菩薩嶺
2057
大菩薩峠
三頭山
1531
東京都
黒岳
1988
雁ヶ腹摺山
1874
権現山
1312
生藤山
990
山梨県
セーメーバン
1006
鶴川
百蔵山
1003
扇山
1138
談合坂
滝子山
1590
岩殿山
634
大月IC
犬目
四方津
笹子トンネル
笹子
中央自動車道
鳥沢
梁川
上野原
大月
猿橋
猿橋
桂川
中央本線
リニア実験線
976
倉岳山
990
高柄山
733
1374
九鬼山
970
982
高川山
鶴ヶ鳥屋山
高畑山
二十六夜山
972
秋山川
都留IC
都留市
三ッ峠山
1785
赤鞍ヶ岳
1299
東桂
菜畑山
二十六夜山
1297
1283
三つ峠
中央自動車道
桂川
富士急行
加入道山
1418
大室山
1587
鳥ノ胸山
1208
杓子山
1598
御正体山
1681
道志川
蛭ヶ岳
1673
畦ヶ丸山
1292
檜洞丸
1551
富士山
菰釣山
1379
丹沢山地
神奈川県
石割山
1412

大月周辺概念図

いうことです。その石杖は今もなお地面に突き刺さっています。そして、桃太郎に追い詰められた鬼は、とうとう腹を切られて死んでしまいます。伝説は以上ですが、ここではその鬼について少し考えてみましょう。

鬼と聞いて、皆さんが想像するのはどんなことでしょう？　まずはその姿を思い浮かべる方が多いと思います。牛の角をつけた怖い顔をして、虎の革のパンツをはいているといった姿が一般的なイメージではないでしょうか。では、なぜ鬼がそのような姿になったかというと、実は鬼門の位置と関係しています。

鬼門とは鬼が侵入してくる位置のことで、北東が鬼門の位置にあたります。なぜ北東が鬼門なのかというと、中国では北東から騎馬民族が攻めて来たり、強い季節風による砂嵐が吹き込んできたりすることから、鬼が入る門がそこにはあると考えられていました。その北東の位置を十二支に当てはめると子《ね》（鼠）、丑《うし》（牛）、寅《とら》（虎）……という順番でいうところの丑・寅の位置が鬼門の位置に当たります。それがゆえに鬼の姿を描こうとしたときに牛の角と、虎のパンツが描かれるようになったようです。

先にお話しした桃太郎の伝説に出てくる動物たちは、よく見ると裏鬼門の方角にいることに気がつきます。

《十二支と方角》

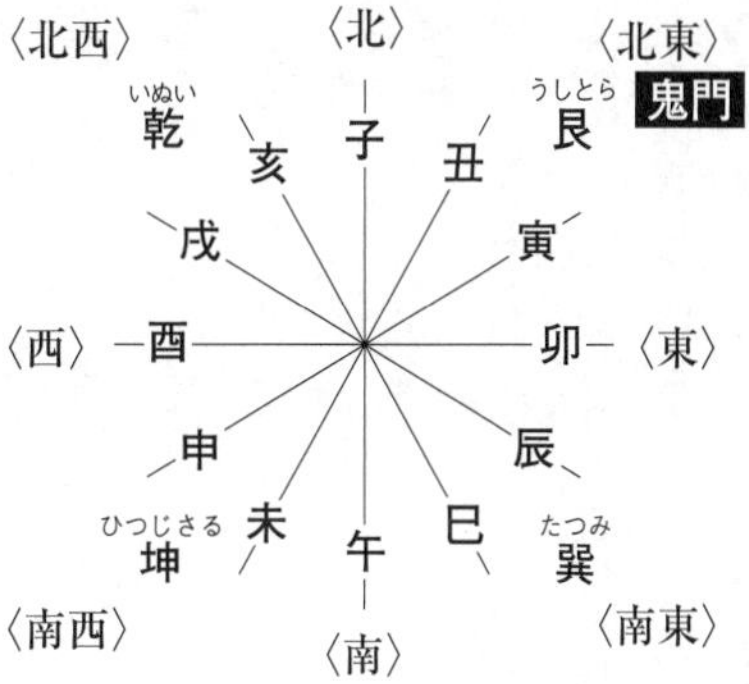

また、桃太郎がなぜ鬼退治に行くことになったのかというと、古来より中国では、桃は厄除け、魔除けの力を持つとされてきたからです。その桃の力は日本の古事記にも描かれています。

黄泉《よみ》の国でイザナミの醜悪な姿を見てしまったイザナギは、追ってくる死者の国の軍勢から逃げながら敵を払うために、つる草を投げるとそれがブドウになり、櫛を投げるとそれはタケノコとなりました。それを敵が食べている間に逃げるのですが、最後に生えていた桃の実を三個投げつけて、死者の国の軍勢を退けました。

自分の危機を救ってくれた桃の実に対してイザナギは、「お前が私を助けてくれたように、これからは葦原《あしはら》の中つ国の人間たちが苦しみ悩むときに助けてやって欲しい」と言って、その桃の実に「大神実命《おおかむづみのみこと》」という神の名を与え、悪霊や邪気を払う霊力を授けたのです（イザナギ、イザナミについては五十六ページ参照)。

みなさんもご存じのように三月三日は桃の節句として、女の子の健やかな成長を願いますが、桃の節句と呼ばれる所以は、旧暦で桃の花が咲く時期であるということに加えて、桃が持つ呪力で女の子を守ろうということなのです。

御正体山

山梨県の都留市から神奈川県の相模湖あたりにかけて、JR中央本線の南側に広がる山域を道志《どうし》山塊と呼んでいます。その山塊の最高峰が標高一六八二メートルの御正体山《みしょうたいさん》。セーメーバンのほぼ真南に位置していますが、ここで大切なことは富士山から見て北東の鬼門の位置に当たるということです。御正体山が、富士山に悪いものが入らないように守護しているのです。

その御正体山の山名の由来は、富士山が噴火した際に、コノハナノサクヤビメがこの山に逃れて正体を現わしたからといわれています。また、信仰で使われる御正体とは、神道のご神体である鏡に仏を描くことで、本地垂迹《ほんじすいじゃく》(仏が仮に神の姿で現われること)を表わし、礼拝の対象となっている道具のことをいいます。そのことから、この山が神仏習合のご神体そのものであるともいえるのです。

二十六夜山

この地には二つの二十六夜山《にじゅうろくや》があります。ひとつは九鬼山と御正体山の間にある花の百名山としても知られる二十六夜山。もうひとつがセーメーバンから見ると東南に位置する二十六夜山です。

二十六夜山と名の付く山は、江戸時代に盛んだった月待ち信仰の山ということになります。

月待ち信仰とは、旧暦の正月と七月二十六日に山の上で月が昇るのを待つという信仰。二十六夜の月が出るのは午前三時ごろで、極細い三日月が昇り、阿弥陀如来、観音菩薩、勢至《せいし》菩薩の阿弥陀三尊が月の光のなかに浮かぶといわれています。その夜は山頂に大勢の村人が集まり、明け方まで飲み食いをしていたそう。おそらく阿弥陀さまに西方極楽浄土に連れて行っていただこうという浄土信仰が、そのような行ないの原動力になっていたと思われます。阿弥陀、観音、勢至という三尊が揃い踏みで迎えに来て下さっている場面が生きたまま体験できるのですから、それはうれしかったでしょうね。

また『花の百名山』を世に送り出した田中澄江さんは、二十六夜の阿弥陀さまを拝むという口実で、本当は隠れキリシタンがひそかに山頂に集まって、マリアへの祈りを捧げていたのではないか？　と想像されたようです。機会があれば二十六夜に、一度は阿弥陀三尊を拝みに行かなければと思っています。

大菩薩嶺

さて、今度は北に目を向けてみましょう。大きな山がありました。大菩薩嶺です。菩薩は如来に継ぐ位ですが、それに大が付いています。どういうことでしょうか？

大菩薩といえば八幡大菩薩が有名です。八幡さまのことですね。第二章でも述べましたが、八幡信仰はとても人気があって、全国にある八幡神社（八幡宮）の数は四万社を超えます。では、その八幡神とはなにかといえば、第十五代の応神天皇のことで、発祥の地は宇佐神宮です。

応神天皇は、実在が証明できる最初の天皇といわれている方で、筑紫国（福岡県）の生まれです。母である神功皇后亡き後に天皇に即位しています。それからは百済の渡来人を受け入れ、中国の進んだ文化を積極的に取り入れて、日本文化の基礎を築いたといわれます。その実績が徳となり、やがて神格化され、北九州の土着の神である八幡神と結びついたといわれています。

奈良時代に入り、東大寺に大仏が建立されることになった際に、八幡神はその造営に多大なる貢献をして、大仏完成直後には八幡神が宇佐から神輿に乗って東大寺に参拝したとされています。それ以降、朝廷からも篤く信仰され、神でありながら大菩薩の称号を得ました。神でありながら、仏でもあり、神仏習合の先駆けとなった神さまなのです。

さて、そんな大菩薩嶺や大菩薩峠の名前の由来ですが、平安時代後期の武将、源義光が峠越えの

大菩薩嶺付近から富士山を望む

際に八幡大菩薩に祈念したことから名付けられたなど、いくつかの説が残されています。

さて、この項で紹介したセーメーンバンですが、とても地味な山で、登山者も少なく、静かな山歩きが楽しめます。しかし、残念ながら山頂は樹林に囲まれており、あまり展望はよくありません。

したがって、この山から各方位を見渡すには、あなたの「心の眼」が重要になります。目的の山の方角を向いて、その山を想像しながら、願いごとをしてみましょう。

また、セーメーバン以外の山でも、あなたの心のなかの晴明盤を使って、吉方位の山に願いごとをしてみて下さい。きっとよいことが待っていると思います。

鳳凰三山に合掌して願うこと

ＪＲ中央本線の車窓から望む鳳凰《ほうおう》三山は大きくて、一度は登ってみたいと思う南アルプス入門の縦走コースです。この山に私が初めて訪れたのは高校二年の夏休みでした。コースの途中から目にした富士山とお花畑の美しさは、今でも脳裏に焼き付いています。では、さっそく登山口のひとつである夜叉神《やしゃじん》峠から出発することにしましょう。

まず登山口にいきなり現われるのが夜叉神。夜叉は古代インド神話に鬼神として登場します。夜叉には男と女があり、男の場合はヤクシャ、女の場合はヤクシーと呼ばれていますが、日本では女性の鬼の総称を夜叉という説もあります。毘沙門天の眷属《けんぞく》（お使い）なのですが、人を食べるという鬼としての一面も持っています。しかし、一方では森林にすむ神霊でもあり、水の守護神でもあります。善なる面と悪なる面、両方を持つのが夜叉神です。でも、私たち人間も善と悪の二面を持っていますので、言ってみれば夜叉神の仲間なのかもしれません。

夜叉神峠から夜叉神峠小屋を経て大崖頭山を過ぎると、杖立峠へといたります。昔から杖には神秘的な力があるといわれています。古代祭祀の道具、卯杖《うづえ》は魔除け、厄除けのまじないに用いられました。一般的に卯杖は梅が使われることが多いのですが、悪霊や邪気を払う力がある桃もよく使われているようです。

もしかしたら、かつてこの峠に卯杖を立てて、自分たちの村に邪気が入るのを防ごうとしたのかもしれません。峠は村と村を結ぶ交易路であった場所が多く、さまざまなものが入ってくる場所でもありましたから。そこで悪いものの侵入を防ぐお力を、杖に託したのかもしれませんね。

杖立峠からしばらくの登りで、ようやく南御室《みなみおむろ》小屋に到着します。御室とは宇多天皇が京都の仁和寺に設けた居室のことです。また貴人の住居であったり、神がいらっしゃる室という意味がありますす。余談になりますが、オムロンという会社はその仁和寺の近くにあったので「御室」から「オムロン」と名付けたそうです。

さて、ようやく薬師ヶ岳に辿り着きましたので、まずはお薬師さまについてお話しします。お薬師さまは如来という位をお持ちです。仏さまのなかではお釈迦さま、阿弥陀さまなどと同じで最も高い位に位置します。そのお姿は、通常は右手は施無畏印《せむいいん》、左手に薬壺をお持ちです。施無畏印は「大丈夫ですよ。安心して下さい」という意味を表わし、薬の壺にはどんな病も治す薬が納められています。草津温泉とどちらが効くかはわかりませんが、恋の病にも効能があるといわれています。

まだ庶民が医者にかかるのが難しかった時代には、このお薬師さまに病気平癒を願いました。ぜひ山頂で「オンコロコロ　センダリマトウギ　ソワカ」とご真言を三回唱えて下さい。きっと病を遠ざけ、悩みごとも解消して下さるはずです。

しばし休憩したら、観音ヶ岳へと向かいましょう。気持ちのよい稜線を歩くと、あっという間に観音ヶ岳に到着です。観音さまというと優しげな女性の姿を思い浮かべる方が多いと思われますが、観音さまには性別はありません。一般的には女性的なお姿が多いのはたしかですが、なかには男性的な顔立ちの観音さまもいらっしゃいます。男に見える人は男、女に見える人は女でいいのです。

観音さまは三十三通りにお姿を変えて私たちを救って下さいます。たとえば子どもの悩みは、大人よりも同年代の友だちのほうが話しやすいかもしれません。そんなときは友だちが観音さまです。また、山のなかで足を痛めたときに、応急処置をしてくれたり、麓まで一緒に下山してくれたりした登山者がいたとしたら、その登山者もまた観音さまなのです。

そのようにして観音さまは困った人がいたときに、その人を見つけ出してその救済にふさわしいお姿でみなさんの前に現われるのです。でも自分が困ったときに観音さまに見つけ出していただくには、次の言葉を唱える必要があります。「南無《なむ》観世音《かんぜおん》菩薩《ぼさつ》」。南無とは帰依するという意味です。わかりやすく言うと「すべてをお任せします」ということです。観音さまはその言葉を聞いた瞬間に、あなたの元に駆けつけて救い出して下さるのです。ありがたいですね。

観音ヶ岳から見た地蔵ヶ岳

それではいよいよ鳳凰三山、三つ目の頂である地蔵ヶ岳へと歩みを進めましょう。地蔵ヶ岳といえば、山麓からもその姿が確認できるオベリスクが有名です。山頂にすっくと立つオベリスクは、地蔵ヶ岳の存在をひと際輝やかせています。ちなみにオベリスクとは古代エジプトで神殿などに立てられた記念碑のことを指しますが、墓陵の前にも立ち、宗教的な意味もあるようです。地蔵ヶ岳のオベリスクも山麓から見ると、まるでお地蔵さまがたたずんでいるようにも見えますね。

さて、お地蔵さまには、実はたくさんのお役目があります。お釈迦さま亡きあと、その後継者に指名されたのが弥勒菩薩ですが、その弥勒菩薩がこの世に現われるまでには五十六億七千万年という気が遠くなるような時間がかかります。そこで弥勒菩薩が現われるまでの間、この世の人々を救って下さるのがお地蔵さまなのです。

そのほかにも山の中では峠などにいらして、疫病などの悪いものが自分たちの土地に入らないように。あるいは、そこを通過する旅人の安全を願って佇んでいることもあります。そう、道祖神と同じような役目もはたしているのです。

また、観音ヶ岳から地蔵ヶ岳へといたる道の途中には賽《さい》の河原があります。この山のみならず、日本各地の霊山には賽の河原と呼ばれる場所が数多く存在します。そこではお地蔵さまの姿もよくお見かけします。

少し悲しい話になりますが、幼くして命を失くした子どもたちは残念なことに親不孝と見なされてしまいます。親よりも子どもが先にあの世へ行くことを逆縁《ぎゃくえん》といい、親御さんをとても悲しませる行為となります。ゆえに子どもたちの魂が賽の河原に行きついても、徳を積まない限り三途の河が渡れないのです。

その徳を積むために子どもたちは、賽の河原に石を積みます。「ひとつ積んでは親のため……」と、一心に石を積みます。しかし、そこに鬼が現われて、せっかく子どもたちが積んだ石を蹴飛ばして、崩してしまうのです。泣きながら逃げる子どもたち。そんな子どもたちを鬼から守って徳を積ませ、あの世に送り届けるのもお地蔵さまのお役目です。それがゆえにお地蔵さまは子どもの守り神さまとも言われているのです。

そんなさまざまな難題をこなして下さっているお地蔵さまに、感謝の意を込めてご真言をお唱えしたいと思います。「オン　カカカ　ビサンマエイ　ソワカ」と心こめて三回唱えて下さい。これでお地蔵さまのご加護をいただくことができました。よかったですね。

さて、この鳳凰三山登山の最後に、鳳凰について説明しておきましょう。まず鳳凰のお姿ですが、京都の宇治の平等院の鳳凰堂の屋根に乗っていらっしゃるお姿が有名です。一説によると鳳が雄、凰が雌といわれていて向い合っていますが、残念ながらどちらが雄でどちらが雌か、見分けることはできません。

さらに身近なところですと、皆さんのお財布の中にある一万円札の裏側左手に鳳凰がいらっしゃいますね。嘴《くちばし》は鶏、顎《あご》は燕、背中は亀、尾は魚、首は蛇といわれています。古代中国での伝説に登場する、想像上の鳥です。聖なる天子（中国では皇帝、日本だと天皇）が現われるときに姿を見せるといわれています。

また鳳凰山の名前のいわれは、地蔵ヶ岳のオベリスクが鳥の嘴に見えるからともいわれています。いずれにしても古の人々は、麓の村からこの山に向かって合掌しながら、この世を治めるのに相応しいリーダーの出現を願っていたのかもしれません。

いろいろな観音さま

ひと口に観音さまといっても、さまざまな観音さまがいらっしゃいます。ここではもとになるお姿の聖観音と、変化観音と呼ばれるお姿を変えたいくつかの観音さまについて紹介しましょう。

聖観音菩薩

観音さまのもとになるお姿で、私たち人間と同じような姿をしています。手には水瓶を持ち、そのなかには私たちを清めて下さる聖なる水が蓄えられています。もう一方の手には、蓮の花の蕾を持っています。蓮の花は仏教を象徴する花です。蓮は泥水のなかからすっくと背を伸ばして美しく花を咲かせます。その泥水は私たちが暮らすこの世の中。私たちもその蓮の花を見習って、泥水のなかでも美しく咲かなければいけないということを教えて下さっているのです。そしてその蓮の花が蕾なのは、これから一緒に花を咲かせていきましょうという、観音さまからのメッセージなのです。

十一面観音

「南無観世音菩薩」と唱えれば即座に私たちを救って下さると観音さまはおっしゃるが、私たち人間と同じようなお姿で、本当に即座に困った人を見つけて下さることができるのかと観音さまを信仰する人たちは思いました。そのような人々の願いが十一面観音《じゅういちめん》を誕生させました。正面に穏やかな慈悲の表情をした菩薩のお顔が三面。正面から見て右に、怒りの表情で悪を戒める瞋怒のお顔が三面。正面から見て左に牙を剝き出しにする狗牙上出面《くげじょうしゅつめん》と呼ばれるお顔が三面。そして後ろには高笑いをして悪を蔑むお顔が一面。さらに中央上部に、災いを払う力を表わす仏のお顔が一面というのが一般的です。これだけたくさんのお顔を持ち、さまざまな方角に睨みを利かせていれば、すぐに困った人を見つけられるというわけです。

千手観音

人々はさらなるスーパースターを求めました。二本の手では、一度に多くの人を救い出すことはできないのではないか？　ということで現われたのが千手《せんじゅ》観音です。それぞれの手には眼がついているので正式には千手千眼観音といいます。千本の手と千個の目で人々を救い出します。しかし、実際に千本の手をお持ちの仏像は少なく、大半が四十二本です。左右に二十本ずつの手があり、ひとつの手で二十五の世界を救うといわれていますので、右の二十本で五百の世界を、左でも五百の世界を救うので、合わせて千となります。そして残る二本は、あなたのなかにいらっしゃる仏さまに向かって合掌されています。

近くてよき山、八ヶ岳の立体曼荼羅

八ヶ岳の地図を開くと、山名、地名に多くの仏さまのお名前と仏教用語が並んでいることに気がつきます。南から編笠山、権現岳、阿弥陀岳、真教寺尾根、地蔵ノ頭、台座ノ頭、天狗岳、地獄谷、八柱《やはしら》山、天祥寺原などなど。

これらは、まさにリアル立体曼荼羅《まんだら》です。曼荼羅とは古代インドの言葉で「円」とか「輪」のことですが、もう少し具体的にいえば「本質を持つもの」＝「悟りの境地を表わしたもの」ということになります。

また、曼荼羅とは密教が生み出したもので、曼荼羅を通して密教の悟りを体験するためのものです。「宇宙と自分が本質的には同じもの」であるという体験を、八ヶ岳に登ることで感じることができます。そのためにも、各仏さまの役割や性格を知っていた方が、悟りを得られる可能性が高いのです。

ここでは編笠山、権現岳、阿弥陀岳、天狗岳についてお話しし、曼荼羅登山の世界を体験してもらうことにしましょう。

入笠山から見た八ヶ岳。左から硫黄岳、横岳、阿弥陀岳、赤岳、権現岳、編笠山

編笠山

小淵沢に向けて優雅に裾野を広げるその山容は、まさに編み笠そのものです。その名の通り、山容が編み笠のように見えるところから付いた山名でしょう。

編み笠は仏教と関わりの深い用具。四国遍路では白装束に編み笠（菅笠）、杖、輪袈裟、数珠などを持つのが基本スタイルです。現代でも歩き遍路では八十八ヶ寺を巡るのに約千三百キロメートルの距離を歩き、日数にして四十～五十日ほどかかるのですが、昔は道が荒れていたでしょうし、宿泊施設もほとんどなく、食料も限られていたはず。そんな状況の過酷な旅だったので、お遍路中に亡くなる方もかなり多かったようです。それに備えて白装束は死に装束、編み笠は棺の蓋、杖は墓標として使用されました。

ゆえに編笠山という名前も、その姿と同時に仏教を深く信仰する巡礼者の方たちに敬意を表して付けられた山名なのではないか、と私は想像しています。

権現岳

山麓から見るその険しい山容に、修験道者たちが権現さまのお姿を重ね合わせたのでしょうか。権現とは仏が仮に神の姿となって現われたことを意味します。

山岳修験道者にとって権現さまというのはとても大切な存在です。私たちは八ヶ岳といえば赤岳を主峰として思い浮かべますが、当時の修験道者たちにとっては、おそらく赤岳よりも、この権現岳の方が重要な存在だったのではないでしょうか。権現さまのように険しいこの山のお姿が、悪魔や煩悩を祓って下さると感じとったに違いありません。

権現さまに関しては、修験道の話のなかで詳しく説明していますので参照して下さい。

阿弥陀岳

茅野方面から眺める阿弥陀岳は、本当にどっしりとしていてカッコいい姿をしています。さしずめ、イケメンの阿弥陀さまといったところでしょうか。実は仏さまにも階級があって、阿弥陀さまには如来という位が付きます。上から如来、菩薩、明王、天というランクなので、阿弥陀さまはとても偉いんです。ちなみに如来とは悟りを得た方のことです。

さて、阿弥陀さまといえば「南無阿弥陀仏」というお経を思い浮かべる方が多いと思います。これは「阿弥陀さまにすべてをお任せします」という意味。そして、ありがたいことに「南無阿弥陀仏」と唱えるだけで、だれもが極楽浄土に行くことができるのです。スタジオジブリ映画の『かぐや姫の物語』を見た方も多いと思います。ストーリーからいえば月に帰るのでしょうが、私にはあの映画でかぐや姫を迎えに来たシーンは、まさに阿弥陀さまの来迎の場面に見えました。

そして、あの映画のシーンを見るかぎり「上品上印《じょうぼんじょういん》」という最上級のお迎えの仕方を連想させます。阿弥陀さまらしき仏さまを先頭に、楽器を奏でる天女さまのような方々が大勢で迎えに来ていましたからね。

さて、ひと口に阿弥陀さまのお迎えといっても、九通りの迎え方があって、最上級は先ほどの「上品上印」。最下級の迎え方は「下品下印《げぼんげいん》」です。でも仮に「下品下印」でのお迎えだったとしても極楽浄土に連れて行って下さるのだから、ありがたい話です。

さて、ここまで読んで何か気づきましたか？「上品」「下品」。そう「じょうひん」「げひん」という言葉は、実ここから来ています。よい行ないを重ね、悪いことをせず、仏教の教えを実践し、お参りを重ねてきた人は「上品」な人ということだったようです。そして、仏の教えに背き悪事を重ねて信仰心もない人は「下品」な人ということだったのでしょう。

極楽浄土は、正式には西方極楽浄土といいます。西の彼方にある、阿弥陀さまがお住まいになっている場所のことです。本来の極楽とは仏教の修行をするのに適した場所。そこで次に生まれ変わるためにしっかりと修行を重ね、仏の教えを学び準備をする場所です。ということは、阿弥陀岳も新たな生を受けるために、修験道者に登られていたのでしょう。要するに阿弥陀岳の山頂が西方極楽浄土なのです。実際の場所も硫黄岳〜赤岳〜権現岳と連なる主稜線から、少し西側にずれたところに位置しています。修験道者たちは頂を極楽浄土に見立て、修行や儀式を行なっていたと思われます。

また、阿弥陀岳の山頂にいれば赤岳の後方からご来光が昇ります。極楽浄土から真っ赤に染まっていく赤岳を眺めて、エネルギーを自分の体に取り込んだのでしょう。赤は血液の色、そしてその血液は体を駆け巡るエネルギーの象徴です。浄土とは仏さまのお住まいになっている場所で、そこはあの世ということになります。あの世に足を踏み入れて生を閉じ、修行を行ない、罪穢れを払って新たな生を受けて下界に戻る。そんな疑死再生の山のひとつが阿弥陀岳だったのでしょう。

余談になりますが、この阿弥陀岳に西から延びる御小屋《おこや》尾根という登山道があります。その途中に御小屋山という小ピークがあり、かつてはこの山で奇祭として有名な諏訪大社の御柱祭りで使わ

北側から見た天狗岳。左が東天狗岳、右が西天狗岳

れる御柱が切り出されていました。御柱という神が誕生する場所から極楽浄土を目指して登れば、まさに神仏習合が体験できるのです。

天狗岳

北八ヶ岳のしらびそ小屋から天狗岳を眺めたときに、まさに天狗の鼻そのものだなと思って、そのシルエットを楽しんでいたことがありました。天狗という名はよく耳にするけれど、実際のところはどんな人物なのか、そもそも人なのか、よくわかっていないという人が大半でしょう。

天狗というのは、インドでは流れ星のことです。要するに不可解な自然現象を「天狗」といいます。たとえば渓谷の上に架かる橋の上を歩いているときに風が吹いて帽子が飛ばされたりすると「天狗の仕業だね」

なんて言ったりしますよね。また、山岳修験道者＝天狗説というのもあります。山岳修験道者というのはものすごいスピードで山のなかを駆け回るので、あれはきっと天狗に違いないといわれたり、赤い顔をした鼻の長い修験道者がいて、天狗のモデルになったなど諸説あります。

ちなみに東京の高尾山では、天狗は薬王院の飯綱大権現の使いです。山で授かった霊力を参拝者の安全登山やご利益のために使って下さる。ゆえにこの天狗岳も、この山に登ることによって天狗の霊力が得られると考えられたのかもしれません。

みなさんも天狗岳に登るときには、山の霊力が得られるようにうちわを持参してみてはいかがでしょう。もしも山頂からの展望が雲で覆われていたら、天狗に雲をどかしていただくようにお願いしてから、そのうちわで扇いでみて下さい。首尾よく展望が広がったら、それはきっと天狗のお陰。しかし、残念ながら相変わらず展望が遮られていたら、それはまだみなさんの修行が足りなかったということです。いつか天狗の霊力が得られるように、次の山に向けて修行を重ねていきましょう。

大同心と小同心

硫黄岳から赤岳にいたる稜線は展望がよく、初夏にはコマクサなどが咲き乱れ、鎖場なども通過するスリリングな縦走路として、私も好きなコースです。

横岳西面の岩峰、大同心（左）と小同心（右）

その縦走路の中間に位置する横岳には奥の院が祀られています。硫黄岳から来ると、その手前に台座の頭があります。台座とは仏さまがお座りになる蓮華のお座席のこと。おそらく奥の院の仏さまがお座りになる蓮台をイメージしているのではないでしょうか。そして、赤岳鉱泉側から見るとそんな横岳を守るように、大同心、小同心という岩場が立ち並んでいます。

同心というのは、江戸時代に警護や治安維持にあたった役人のことです。きっと、当時の修験道者が横岳奥の院の守護をこのふたつの大きな岩に託したに違いありません。

奥穂高岳に鎮座する神さまは、玄界灘からやってきた

標高三一九〇メートル、国内で第三位の標高を誇る奥穂高岳は多くの岳人の憧れです。その山頂の祠に鎮座するホタカミノミコト（穂高見命）は、実は海の神さまの子なのです。三千メートルを超える山の上になぜ海の神の子がいらっしゃるのか？　ここでは、その謎を解きながら憧れの奥穂高岳の山頂を目指したいと思います。

安曇野《あづみの》市穂高にある穂高神社からスタートすることにしましょう。日本アルプスに登る機会の多い登山者には、ぜひ足を運んでいただきたいお社なのです。落ち着いた境内にある本殿の主祭神は中殿にホタカミ、左殿にワタツミノミコト（綿津見命）、右殿にニニギが鎮座されています。穂高神社は、ここに位置する本宮（里宮）のほかに、上高地の明神池に奥宮があり、二〇一四年七月には、奥穂高岳の山頂の社が新しく穂高神社の嶺宮となりました。

ホタカミはワタツミの子。ワタツミは海神で、安曇氏の祖神（先祖の神）。また、ニニギは何度か紹介していますが、アマテラスの孫で、高千穂の峰に天孫降臨を果たした神です。

北アルプスのお膝元である安曇野は、現在の北九州からやって来た、安曇族が開いた土地です。

安曇族は海の民で、大和朝廷時代に海運関係で大きな力を持っていました。白村江《はくそんこう》の戦いで総大将を務めた安曇族の英雄である安曇比羅夫《あづみのひらふ》も、穂高神社に祀られています。ちなみに白村江の戦いとは、六六三（天智二）年八月に朝鮮半島の白村江で行なわれた、倭国・百済連合軍と唐・新羅連合軍の戦争のことです。

また、奥宮では山のなかのお社でありながら、毎年九月二十六日、二十七日に「御船祭」と呼ばれる祭りが行なわれ、海との関係の深さが伺われます。高さ六メートル、長さ十二メートルもの大きな船形の山車「御船」がぶつかり合う勇壮なお祭りです。この御船祭は穂高神社の例祭。例祭は祭神に縁の深い日に行なわれ、神社にとって最も重要なお祭り。実は九月二十七日は白村江の戦いで亡くなった安曇比羅夫の命日と伝えられています。比羅夫に敬意を表して、命日を生まれ変わりの日として新たな生命の力を得ようとすることが、この祭りの目的かもしれません。

この安曇氏はもともと、現在の福岡市の志賀島《しかのしま》周辺を本拠地としていました。玄界灘を望むその地には志賀海神社があり、祖神である綿津見三神を祀っていました。穂高神社はそんな安曇氏が安曇野の地に定住し、祖神を祀った神社なのです。新たな土地で祖神を敬い、行く末の繁栄を願うのは、至極当然のことだったのでしょう。

では、その祖とは誰なのかというと、トヨタマヒコノミコト（豊玉彦命）です。トヨタマヒコには一男、二女があり、男はホタカミ、女はトヨタマヒメ（豊玉姫）とタマヨリヒメ（玉衣姫）。つまりトヨタマヒコとは日本神話の海の神であるワタツミのことです。そしてトヨタマヒメは、山の神オオヤマツミの娘であるコノハナノサクヤビメとニニギの間にもうけたホオリノミコト（火遠理命・山幸彦）と結婚します。遥か昔から、山と海には深いつながりがあったのです。また、タマヨリヒメは初代・神武天皇の母にあたる神さまです。それらの主祭神に登山の安全を祈願したら、登山口である上高地に向かうことにしましょう。

有名な河童橋からの眺めはいつ見ても雄大で、穂高神社のご神体である穂高連峰の山々も目にすることができます。ここから見える山々そのものが神さまなのです。なんとスケールの大きいことでしょうか。こんな神さまが私たちを応援する側にいらしたらとても心強くなりますが、もしも怒りを爆発させたら、それはそれは、恐ろしいことになるに違いありません。そんなことを考えながら、河童橋ではいつも穂高見神に安全な登山ができるように見守って下さいとお願いしています。今回の登頂ルートは、明神─徳沢─横尾を経て涸沢に至り、ザイテングラートを登って、奥穂高岳山荘から奥穂高岳の山頂を目指すことにします。

河童橋から沢沿いの樹林帯を歩くこと一時間弱で明神池に到着します。風光明媚な雰囲気の漂うこの池の入口に奥宮があり、ホタカミが祀られています。本殿は穂高造と呼ばれる建築様式。穂高造とは、この神社独特の形式の千木《ちぎ》と勝男木《かつおぎ》が乗せられていて、勝男木は釣竿または船の帆柱を表わしているといわれます。千木とは、神社の本殿の屋根の両端にV字状に延びた二本の板木のことで、勝男木とは屋根の棟の上に棟木と直角の方向に並べられた丸太状の木のことを指します。形が鰹節に似ているので、鰹魚木や鰹木とも書きます。ちなみに里宮の本殿のなかの中殿も穂高造です。

しばし休憩をしたら、徳沢園を経て、横尾へと向かいましょう。横尾山荘の前で吊橋を渡り、しばらくなだらかな道を進めば、やがて左手に巨大な岩の塊である屏風岩が見えてきます。

それにしてもこれだけの大きな岩ですから、ここにも偉大な神が宿っていそうです。しかも大きな岩には、その強固な姿から永遠に変わることのない力が宿ると信じられていますので、私もこの屏風岩の前を通るときは、いつまでも山に登り続けることができるよう、心のなかでお願いをしています。

その屏風岩を回り込むように歩けばやがて本谷橋で、少しスリルを味わいながら吊橋を渡ります。渡り終えた場所は、気持ちのよい河原となっていて、小休止には最適。ひと息入れたらしばしの登りを経て、登山者にとっての憧れの地、涸沢に到着します。かつてアルプスの本場であるスイスの山岳雑誌の表紙にもなった、前穂高岳北尾根のギザギザのスカイラインはいつ見ても胸が躍ります。この雄大なカールを縁取る、前穂高岳や奥穂高岳の景観が素晴らしく感動的です。それはきっと、ここにホタカミがいらっしゃるからに違いありません。

涸沢から先は、足元に注意しながらザイテングラートの急登を喘ぎつつ登れば、穂高岳山荘に到着です。ここまでくればあとひと息。少し腹ごしらえをしていくことにしましょう。少し重くなった腰を上げて、目の前にある垂直のハシゴ場を慎重に登り、一歩一歩足を運べば、待望の奥穂高岳の山頂。お疲れさまでした!

しかし、どっかと腰を下ろす前に、まずは嶺宮をお参りさせていただくことにしましょう。ご祭神はホタカミです。しかし、なぜ高山に降臨したのでしょうか?

それはおそらく、安曇族が山の上から見守って欲しいと願ったのがひとつ。そして、もうひとつは、かつて海人が航海をする際に、山が重要な役割を果たしていたことによると思われます。航海をする人たちは、海上からもよくわかる特徴的な山を見て、現在地を判断したのです。そんな特徴的な山々は海人たちにとって、とても重要な聖なる山でもあったのです。

海と山との関係はそれだけに留まりません。海水に豊かな栄養分を送り届けているのも、山の神さまなのです。山上に雨が降り、木を伝い地面のなかを通って川に注ぎ、その川の水が大海へと流れ込みます。雨水はその間に山のなかでたくさんの栄養素を取り込みながら海へと辿り着くわけです。海中で暮らす魚や貝や海藻などの生き物たちにとって、それは豊富な栄養素としてスクスクと成長する糧になります。そんなことから最近では、漁師が山に木を植える活動をしているという話も耳にします。もっとも神々の世界では、遥か古の時代に、山の神であるオオヤマツミと海の神であるワタツミの間では、深いつながりがあったわけですから、山と海の関係は今後も切っても切れない重要な関係であり続けることは間違いないでしょう。

奥穂高岳山頂の祠の前で、私はそんな海との関係に思いを馳せながら、二礼二拍手一礼の後、この美しい自然がいつまでも残りますことを祈願させていただきました。

奥穂高岳山頂に祀られた穂高神社嶺宮

この世で地獄が体験できる立山信仰の秘密

富士山、白山とともに、日本三霊山のひとつに数えられる立山。日本海から望むその姿は、「神々しい」の一語です。富山県側からはアルペンルートに沿って、称名《しようみよう》川、称名滝、弥陀《みだ》ヶ原、大日岳、天狗山、室堂山、龍王岳、鬼岳、獅子岳、剱岳、そして立山三山（雄山、浄土山、別山）があります。

称名とは仏の名を唱えることです。たとえば「南無阿弥陀仏」や「南無観世音菩薩」のように。南無とは帰依《きえ》するという意味があります。帰依とは「南無阿弥陀仏」の場合「阿弥陀さまにすべてお任せいたします」、「南無観世音菩薩」では「観音さまにすべてをお任せいたします」という意味になります。おそらく、川が流れる音や豪快に落ちる滝の音が、立山を信仰する人たちにとって、称名に聞こえていたのでしょう。

夏になると高山植物、秋には草紅葉で赤や黄の絨毯となる山上の高原を見たときに、こんなにすばらしい場所なのだから、ここはきっと阿弥陀さまのお住まいになっている場所に違いない、ということで弥陀ヶ原と名が付いたのかと思います。さらに密教での最高神とされる大日如来もいらっ

室堂・ミクリガ池から見た立山。右端のピークが雄山

しゃいます。密教ではこの世のすべてのものは大日如来の表われとされているので、ここに咲く色とりどりの花も、青々と水を湛えた池も、雄大な山岳景観も、すべて大日如来の表われなのです。

そのさらに奥まった場所に、立山三山のひとつで、標高三〇〇三メートルの山頂にお社が立つ雄山があります。そんな雄山のお社にいらっしゃるご祭神は、アメノタヂカラオノミコト（天手力雄命）。アマテラスが天の岩屋戸に隠れてしまった際に、岩戸を戸隠山まで投げ飛ばし、岩屋戸からアマテラスを引っ張り出した力自慢の神です。

雄山では、山頂の社務所で拝観料を支払うと、神域へ立ち入ることができます。鳥居を潜り、岩山をわずかに登れば、絶頂に立つお社の前でお参りができます。その場で神主さんからお祓いを受け、お神酒をいただ

雄山山頂に祀られた雄山神社峰本社

くと、雄山の神々に少し近づけたような気がしました。

　この立山周辺の信仰の最も大きな特色は、地獄（地獄谷と呼ばれる場所）があることです。地獄谷は、室堂の一角にあり、荒涼とした土地のあちらこちらから火山ガスが噴き出し、硫黄の塊が不気味に林立しています。その臭気で呼吸が妨げられ、まさに地獄の雰囲気。死後にこんなところで暮らすことになってもいいのか？　と問われたら、確実に「嫌だ！」と答えるような場所です（地獄谷内の歩道は火山ガスの危険性があるため、二〇一一年から通行止め）。

　しかし、立山地獄を体験したあとは、心やさしい神仏の座が待っています。それらの山に登って心を癒すと、立山信仰のご利益がより高まるのではないでしょうか。

　立山信仰については、私の知人で立山博物館に勤める、加藤基樹さんに解説をお願いしました。立山三山の雄姿を思い浮かべながら、ご一読下さい。

立山信仰とは何か?

加藤基樹

立山開山伝説

立山が悠然毅然たるその雄大な自然景観ゆえに、古くから人びとの崇敬を集めていたといわれていますが、その名が歴史に登場するのは、七〇一（大宝元）年の立山開山伝説です。

越中守佐伯有若《さえきありわか》の子有頼《ありより》少年が、父が大切にしていた白鷹で鷹狩りをしていたところ、その白鷹が飛び去り、そのゆくえを失ってしまった。これを知った父は激怒し、有頼を勘当、有頼は一人で白鷹の探索に出かけました。

懸命に探していたところ白鷹を発見、そろりと捕まえようとしたとき、一頭のどう猛な熊が出没し、白鷹はこれに驚きふたたび飛び去ってしまいました。白鷹を捕まえ損ねた有頼は、熊を憎らしく思い、熊に矢を射ます。すると矢は熊の胸に深く命中したものの絶命にはいたらず、熊は立山のほうへと逃げ去ってしまいました。有頼は熊からしたたり落ちた血の跡をたよりに、夢中であとを追いかけながら立山山中に分け入り、とうとう熊を室堂の玉殿窟に追い詰めました。有頼は勇んで刀を抜いて熊にとどめを刺し、白鷹を連れ帰ろうと窟に入ったところ、胸に矢が深く刺さり血を流す金色の阿弥陀如来に出遭ったのです。

有頼はここで初めて自らが矢を射た熊が実は阿弥陀如来であったことに気づきました。知らなかったとはいえ、仏に傷を負わせるなど言語道断とばかり、有頼は罪深さのあまり自害しようとしました。しかし阿弥陀如来は有頼に語りかけ、自ら姿を変えて立山へ有頼を導いたのだと説きました。仏は有頼に僧侶となることをすすめ、修行して立山への信仰の道を拓けと託宣しました。有頼はそののち出家して慈興《じこう》上人となり、厳しい修行の末、立山を開き、立山信仰を人々に広めました。

この伝説は『立山略縁起』に記され、「立山曼荼羅」に絵画にあらわされ、立山宗教者（衆徒）の活動のなかでよく語られたことが知られますが、これは実在の越中守佐伯有若の名を借りた伝説という見方もあり、歴史的事実かどうかはよくわかっていません。そうはいっても、剱岳や大日岳の山頂で平安時代初期のものと推定される錫杖の銅製の頭部や鉄剣が見つかっており、山中を修行の場とした宗教者（ヒジリ）の錫杖供養や禅定などの活動の痕跡が確認されています。

わが国で平安時代に盛んになってきた浄土教という仏教の教えは、各地の霊山に阿弥陀信仰をもたらしました。立山の場合も例外ではなく、やがて阿弥陀如来の霊験や西方浄土往生が説話の中心となります。死後に極楽往生をとげるには、自らの罪を自覚し、払わねばならないと説かれました。

平安時代末期の仏教説話集『今昔物語集』に「日本国の人、罪を造りて多くこの立山の地獄に墜つといへり」と記されたように、立山には地獄があると観念され、立山の地獄谷は、罪深き悪果を自覚体験させるものとして機能し修行の場としてさらに盛んになりました。一方、立山別山もまた、仏教でいうところの世界の中心にそびえる山「須弥山」になぞらえ、女性を救済する帝釈天の忉利天《とうりてん》世界への転生もよく信じられました。古代の立山というのは大陸で成立した道教や神仙思想の影響を受けつつ、わが国固有の民俗信仰を基盤とした山岳宗教から出発し、その後、浄土教や天台教学（本覚思想）など諸宗教の影響を受けながら江戸時代の立山信仰が形成されていったのです。

宗教集落の形成と加賀藩による登山路の支配

雄山山頂に「峯本社」を構える雄山神社は、その遥拝施設として山麓に成立した祈願殿（芦峅寺《あしくらじ》）と前立社壇（岩峅寺《いわくらじ》）の三社から成り立っています。明治時代初期の神仏分離令までは、祭神は――文献によって少しずつことなるが、伊邪那岐命と天手刀雄命の二柱で、それぞれ本地は阿弥陀如来と不動明王とされて、もって立山権現として祀られていました。神仏習合（混淆）時代は、わが国の姿かたちのない神々の正体は、実は仏であるという考え方に基づくもので、長く立山でも山中にとどまる神々は仏の姿で表現されていました。

平安時代に立山地獄をめぐる宗教空間は周知のこととなりつつあり、苦行による滅罪を主たる宗教的目的とした行者らによる立山禅定登山がその名声とともに広まり、こうした行者らの修行は、やがて一般の人びとらも行なうようになります。江戸時代になると立山は金沢に拠点をおく加賀藩の支配下にありました。加賀藩は藩境の警備上、今の富山県側、芦峅寺と岩峅寺両集落を通ってしか、立山に登山することを許可しませんでした。

全国から立山信仰で登山に訪れた人びとの世話をするために、芦峅寺と岩峅寺両集落では、宿坊を構えて活動が盛んになっていきました。宿坊を経営する一方、衆徒は立山信仰を奉じて独自の宗教活動、すなわち『立山曼荼羅』の絵解きによる布教をはじめ、立山大権現札や立山午玉札《ごおうふだ》などの護符の配札、血盆経《けちぼんきょう》・経帷子《きょうかたびら》の頒布、矢疵《やきず》の阿弥陀如来像を遠隔地でお披露目して結縁を促す出開帳《でかいちょう》などを行ないました。もちろん江戸時代以前は、立山は大きく雄大な山なので、芦峅寺・岩峅寺両集落を通るルート以外にも、大岩日石寺や信濃大町など山麓にいくつも登拝口があり、それぞれに宗教集落が形成されていたことが十分想定されています。

媼尊と山の神

立山山麓の宗教集落である芦峅寺には、明治初期の神仏分離に伴う廃仏毀釈によって破却され、今日に伝わらない御堂がありました。それは媼堂《うば》といって、芦峅寺を流れる媼谷川の左岸に建っていた入母屋造りで唐様の御堂でした。この堂を媼堂と呼ぶのは、ここに本尊格の三体と、諸国六十六カ国にちなむ六十六体、計六十九体もの媼尊《うばそん》が祀られていたからで、現存する像のうちの一体には永和元年（一三七五年）の墨書銘があり、媼尊信仰は少なくとも南北朝時代にさかのぼることができる造形なのです。媼尊像は乳房の垂れた老婆で、片膝を立て座っている姿が特徴的です。平安時代前期成立の国宝「神功皇后座像」（薬師寺鎮守八幡宮蔵）にも、「小野小町坐像」にも、三途の川の「脱衣婆《だつえば》」にも通じる像様をしています。

現存する数体の媼尊像は、対岸に現存する閻魔《えんま》堂において、毎年、集落の婦人会の皆さんによって、媼尊像の装束を更新するお召し替え行事が丁寧に行なわれています。こうした民俗行事や伝承の内容などから、媼尊が古代から女性神で子どもをたくさん産み、恐ろしい性格の「山ノ神」として信仰されていたことがわかります。

媼尊は、戦国時代の越中国主佐々成政や加賀藩初代藩主前田利家など、時の地域の権力者からも信仰を得ていました。さらに媼尊は立山の「お天気お婆さん」でもありました。江戸時代、立山に登ろうとする人びとのなかには、宿坊の主が経験をもとに「明日は山の天候が崩れるから逗留したほうがよい」という助言をいっても、聞かない者がたくさんいたようです。

しかし登山準備のために芦峅寺に宿泊した人々は、必ず媼堂を参拝したのですが、その際、媼尊の顔が白く見えれば、よい天気に恵まれるといい、媼尊の目が炎のごとく光れば、天候が荒れるといわれ、これには登山者たちも信ぜざるをえなかったのでしょう。

この世とあの世の境界

明治時代以前まで立山は女人禁制でした。立山に登山し、地獄めぐりや山中に籠るなどの修行を行なう擬死再生が行なえたのは、男性に限られていたのです。それを破って無理に登山しようとした女性が、山の神の怒りにふれて杉の木や石に変えられたという語りをもって、そのタブーが信じられていたのです。

芦峅寺集落は立山の入口にあたる集落で、ちょうど媼谷川が山の世界との境と考えられていました。この媼谷川には「布橋」(天の浮橋ともいう)と呼ばれた橋が架かり、長さ十八間(十八菩薩)、橋板百八枚など仏教数字を意識した仕様の朱橋でした。現在、架かっている布橋は、一九七〇(昭和四十五)年にかつての仕様を反映して復元された橋です。宗教民俗学という立場による研究によると、民家のある集落側は「この世」、山側の世界は「あの世」と説明されています。まさに「布橋」はこの世とあの世を渡す架け橋なのです。

江戸時代までの仏教信仰の多くは、罪や穢れが問題にされ、罪や穢れを抱えたまま死んでしまうと、死後、閻魔大王の裁きにあって地獄へ堕とされてしまうのだと信じられていました。だからこそ、格好の罪滅ぼしの場である立山には大勢の人々が信仰を寄せたことが知られています。しかし、立山に登れない女性たちはこの世での罪滅ぼしができないわけです。立山芦峅寺ではその反動もあってか、より強く女性を救済するための儀式を形成することになりました。女性たちをも山の力で救済するために、立山では閻魔堂と布橋と媼堂を舞台として「布橋灌頂会《ぬのばしかんじょうえ》」という他に例のない独特な儀式が行なわれました。同儀式は、秋の彼岸の中日に行なわれ、女性たちは死装束である白衣をまとい、目隠しをして、閻魔堂から布橋を渡って媼堂まで、三筋に敷かれた白布で作られた道を歩いて渡ります。媼堂では「十念」を受けて仮に死んだことになり、新たに再生するという生まれ清まりの儀式だと考えられています。この際「血脈」という札を授かり、健康と往生が約束されると信じられ、諸国から多数の参詣者が訪れたとされていますが、実態はよくわかっておらず、これからも研究が必要です。

あとがき

説法の上手なお坊さんの話しを聞いていると、いつの間にか「ナムアミダ、ナムアミダ……」という念仏が堂内に広がっていくことがあります。その話のありがたみを受けて、自然発生的に皆が念仏を唱えだすのです。そのことを「受け念仏」といいますが、これが若い人たちの間で流行っている言葉、「ウケる！」の語源といわれています。本書を一読していただいたあなたには、山の神さま仏さまの話は「受け」ましたでしょうか？

人はこの世に生まれた時から、心のなかに「神仏」が宿っているといわれます。山に登り、山の神仏と出会うことで、きっと自分のなかにある神仏の心に少しずつ気が付いていくのではないでしょうか。そして、それと同時に一木、一草、一石にも神仏が宿っていることを忘れずに、今まで以上に自然を敬い、大切にする気持ちを忘れずに登山を続けて欲しいと思っています。

本書の出版にあたっては、立山博物館の加藤基樹さんに立山信仰の話を、登山ガイド仲間で森林インストラクターの高野吉正さんには神仏ゆかりの植物の話を作成する際にご協力をいただきました。また、歩きにすと倶楽部事務局の佐々木恵子さんには細々とした作業を手伝っていただきました。ご協力をいただきましたお三方に、心よりお礼を申し上げます。

そして、本書の編集を担当して下さった編集者の小林千穂さんは、私が原稿に行き詰まった際のアドバイスや、丁寧な編集作業で本書の完成に導いて下さり、本当に助かりました。また、なかなか進まない原稿を辛抱強く待って下さった山と溪谷社の萩原浩司氏。本書の刊行に向けてご尽力下さったお二人にも、感謝の気持ちでいっぱいです。本当にありがとうございました。

最後に、本書を手に取って下さった読者の皆さまが、山の神仏のお力を得て、これからも安全で楽しい登山ができますことを祈念しております。

どこかの山で、合掌している山岳ガイドを見かけたら、ぜひ声を掛けて下さい！

二〇一六年一月

太田昭彦

主な参考文献

藤巻一保『役小角読本』原書房・二〇一五年
吉田敦彦著　島崎晋監修『面白いほどよくわかる古事記』日本文芸社・二〇一二年
小松和彦監修『大人の探検　妖怪』実業之日本社・二〇一五年
橋本京明『陰陽占術　平成二十八年』泰文堂・二〇一五年
正木晃『今日から役立つ仏教』ナツメ社・二〇一四年
武山廣道監修『くり返し読みたい禅語』リベラル社・二〇一五年
『けっこうお世話になっている「日本の神様がよくわかる本」』ＰＨＰ研究所・二〇一五年
『幻想世界の「鬼」完全図鑑』コスミック出版・二〇一五年
『心が洗われるブッダの言葉』リベラル社・二〇一四
『心がまあるくなる禅語』リベラル社・二〇一四年
田中修『植物はすごい』中公新書・二〇一二年
田上太秀監修『図解ブッダの教え』西東社・二〇一三年
正木晃『楽しくわかるマンダラ世界』春秋社・二〇〇七年
「大法輪」(平成十六年・第三号) 大法輪閣
「大法輪」(平成十七年・第一号) 大法輪閣
「大法輪」(平成二十四年・第一号) 大法輪閣
「大法輪」(平成二十七年・第一号) 大法輪閣
田中修『都会の花と木』中公新書・二〇〇九年
稲垣栄洋『なぜ仏像はハスの花の上に座っているの

か』　幻冬舎・二〇一五年
戸部民夫『日本の神様と日本人のしきたり』　PHP研究所・二〇一二年
西海賢二・時枝務・久野俊彦編『日本の霊山読み解き事典』　柏書房・二〇一四年
田中利典・正木晃『はじめての修験道』　春秋社・二〇一一年
田中利典『体を使って心をおさめる修験道入門』　集英社新書・二〇一四年
立松和平『百霊峰巡礼　第一集〜第三集』　東京新聞出版局　二〇〇六・二〇〇八、二〇一〇年
富士吉田市歴史民俗博物館編『富士の女神のヒミツ』　富士吉田市教育委員会・二〇一〇年
富士吉田市歴史民俗博物館編『吉田の火祭りのヒミツ』　富士吉田市教育委員会・二〇一二年
富士吉田市歴史民俗博物館編『世界遺産富士山のヒミツ』　富士吉田市教育員会・二〇一三年
静岡県立吉原高等学校三年六組（二〇〇八年度）・中村勝芳著『富士山のかぐや姫』　富士山かぐや姫学会・二〇一三年
富士市教育委員会、富士市竹取物語調査研究委員会編『富士市の竹取物語調査研究報告書・富士の竹取物語』　富士市教育委員会・一九八七年
ひろさちや『ほんとうの宗教とは何か　白の巻』　ビジネス社・二〇一五年
日本文化探求の会『まんがと図説　古事記をよむ』　日本文芸社・二〇一五年
『山伏・修験道の本尊　蔵王権現入門』　総本山・金峯山寺・二〇一一年

太田昭彦（おおた　あきひこ）

1961年東京生まれ。高校ワンダーフォーゲル部時代に登山の魅力に目覚め、社会人山岳会で経験を積み、34歳で旅行業から山岳ガイドに転身。また、20歳のときに高野山で十善戒を授かってから、神仏とのご縁が少しずつ深まり、42歳で巡礼先達の道を歩み始める。共著に『山歩きはじめの一歩・山選び』（山と溪谷社刊）がある。歩きにすと倶楽部主宰。日本山岳ガイド協会認定山岳ガイド。四国石鎚神社公認先達。四国八十八ヶ所霊場会公認先達。京都洛陽三十三観音公認先達。

山の神さま・仏さま　YS026

2016年3月5日　初版第1刷発行
2016年4月1日　初版第2刷発行

著　者　太田昭彦
発行人　川崎深雪
発行所　株式会社　山と溪谷社
〒101-0051
東京都千代田区神田神保町1丁目105番地
http://www.yamakei.co.jp/
■商品に関するお問合せ先
山と溪谷社カスタマーセンター
電話　03-6837-5018
■書店・取次様からのお問合せ先
山と溪谷社受注センター
電話　03-6744-1919／ファクス　03-6744-1927

印刷・製本　図書印刷株式会社

定価はカバーに表示してあります

Printed in Japan ISBN978-4-635-51011-0